Lino Díaz Barriga Salgado

Melancolía y Manía

Una Mirada Retrospectiva

Melancolía y Manía. Una Mirada Retrospectiva.
Primera edición, febrero 2016
© Casa Editorial Abismos
Lino Díaz Barriga Salgado
Dirección editorial: Sidharta Ochoa
Cuidado editorial: Diana Ramírez Luna
Fotografía: Luis Díaz Barriga
Diseño: René Rodríguez
ISBN: 978-1530631889

"¿Qué haría yo sin el paisaje holandés, sin Salomón y Jakob Ruysdael o Art van der Neer? Cada uno de sus lienzos despierta en nosotros sueños asociados a las nubes, a tonos crepusculares y brisas marinas, a vastedades movedizas creadas para acompañar al solitario. Cuadros que son comentarios sobre la melancolía"

E.M. Cioran

"De mis desvaríos culpo a la manía.
De mis ingenios a la melancolía".

Lino Díaz Barriga Salgado

AGRADECIMIENTOS

A mis padres, Angelina y Lino.
Fuentes de amor, fe, trabajo y entereza.

A mis hermanos:
Libo, Tere, Estela, José, Mela, Paco y Luis.

A Rogelio Agüero Monterde:
Por Ser Ahí en todo momento.

Mi gratitud a quienes me acompañaron en este proyecto.

ÍNDICE

PRÓLOGO

Toda actividad de escritura conlleva una serie de representaciones imaginarias sobre el contenido del tema que se pretende desarrollar. Esta operación entendida como disposición germinal para plasmar ideas, conceptos e incluso impresiones personales, se identifica con la denominación del término sustantivo *libro*. Este intento de comunicación con futuros lectores se despliega ahora bajo el título *Melancolía y Manía. Una mirada retrospectiva*. La indagación sobre estos temas tiene como origen una inquietud por ahondar en el conocimiento sobre su génesis, sus manifestaciones y avatares durante un largo tránsito por un territorio que, desde antiguo, identifica la polémica relación entre melancolía, manía y sus nexos con la salud mental.

Escribir un libro es una frase coloquial que se utiliza indistintamente para sugerir lo que todo ser humano debiera realizar en un momento de su vida para comunicar sus experiencias, conocimientos y parte de su mundo interno. Esta enunciación parece dar por sentado lo que conviene hacer, aunque excluye las características y procedimientos prácticos para alcanzar este cometido. Establecer un lazo de comunicación entre autor y lector a través de un escrito resulta ser una empresa difícil que compromete las aptitudes, impresiones subjetivas y la disponibilidad para ampliar el conocimiento adquirido. Expuesto a las vicisitudes que este trabajo representa, confío que el argumento del texto constituya una invitación para realizar una travesía en torno a estos preceptos de larga data en el pensamiento médico, filosófico, psicológico y social.

Este escrito también da cuenta de las contingencias de quienes, sometidos a las manifestaciones extremas de estas alteraciones, sirven como ejemplo clásico de lo que en principio se conoció como melancolía y manía; los orígenes teóricos que dieron lugar a debates discursivos en apariencia disímbolos, que ahora se presentan como argumento singular para identificar su etiología y naturaleza; al mismo tiempo también muestra su convergencia y distanciamiento en distintos momentos históricos en los que su imprecisa distinción, propició la búsqueda de posibles explicaciones, primero de tipo sobrenatural y posteriormente como un estado perteneciente al campo de la medicina helénica.

Sabemos que en medicina existen clasificaciones conocidas desde la antigüedad y que en ellas, se puede constatar que muchas de las concepciones primitivas sobre enfermedad mental perduran hasta nuestros días sin que hayan perdido su significado primigenio. Los conceptos inherentes a cada uno de los temas, objeto de este escrito, han evolucionado con el paso de los siglos y al mismo tiempo, han sido motivo de exclusión y reciclaje en la antigüedad clásica, y en los más recientes debates de los manuales diagnósticos y clasificaciones internacionales de enfermedades. Las propuestas teóricas replicadas o ignoradas por órganos oficiales y sociales demuestran insistentemente que la percepción de la melancolía, manía y angustia, por ejemplo, son aún objeto de discusión en diversas disciplinas del pensamiento humano y científico.

La constante búsqueda de formas alternativas de comprensión sobre la génesis y evolución de las enfermedades mentales se perpetúa, modifica y refuerza periódicamente, debido a una intención obsesiva para agrupar y clasificar cualquier malestar o comportamiento diferente a los cánones sociales prevalentes. La proclividad para "cosificar" el malestar humano tiene como intención establecer criterios diagnósticos para cada uno de los trastornos, de modo que se puedan equiparar los hallazgos de estudios de investigación estadística cuando se habla de "enfermedad". En otras palabras, hablar un mismo idioma cuando de enfermedades mentales se trata. La lectura minuciosa de esas "guías prácticas" justamente deja de lado al individuo, sea que se trate de un melancólico, maniaco, adicto o marginado social.

La instrumentación de técnicas que aseguran *la curación o control* del sufrimiento y *mal-estar* de quien lo padece, parece estar disponible en múltiples opciones a elegir: comprimidos, ampolletas, productos milagro, iglesias y técnicas psicoterapéuticas en boga, que aseguran la curación y reincorporación a la vida social. Pero justo aquí podemos empezar a preguntar ¿Cuál es el estado propio del hombre? ¿Cuál es la naturaleza de su perturbación emocional?

INTRODUCCIÓN

Generalmente se considera que melancolía y manía en sus estados extremos son entidades diferenciadas e identificables; la melancolía, por ejemplo, constituye un conjunto de manifestaciones que complementan el diagnóstico de depresión mayor; también se incluyen episodios depresivos, que corresponden al binomio depresión y manía que ahora se conoce popularmente como trastorno bipolar, caracterizado por la presencia cíclica de episodios de hipomanía o manía entremezclados con episodios depresivos. "Este carácter cíclico, de oscilaciones pendulares o en círculo, es lo que ha dado lugar a los nombres con que se identificó la alternancia entre uno y otro estados desde la antigüedad y más específicamente en los siglos XIX y XX con los calificativos de locura cíclica, locura de doble forma, *locura circular*, ciclofrenia, etc." (Vallejo-Najera, 1974, p. 216).

La melancolía —que no es sinónimo de depresión— se ha definido como un estado de temor, desesperanza, sentimientos de culpa, pérdida de energía, interés e ideas de muerte; en tanto que su contraparte, la manía —que no es una conducta compulsiva— se describe como un estado de ánimo expansivo matizado por alegría inmoderada, megalomanía, incremento de energía y delirios de grandeza. Melancolía y manía, pueden ser considerados como los temas sobresalientes en la historia de las enfermedades mentales.

Al considerar los cambios acontecidos en el devenir del tiempo, así como las disquisiciones que han generado sus atributos y manifestaciones extremas en las sociedades primitivas, en la medicina hipocrática, el Medioevo, Renacimiento y la Ilustración, conjuntamente con el advenimiento de la psiquiatría, psicología y psicoanálisis, obligan a destacar que la presencia simultánea de los llamados trastornos del estado de ánimo, son manifestaciones emocionales que en menor o mayor grado, desde la antigüedad, se han visto afectados por la influencia de los astros, los efectos del vino, del opio y otras sustancias. Existen múltiples referencias al uso del vino para describir sus efectos comparativos con los producidos por un exceso de *bilis negra*, que como veremos es la responsable de la melancolía, manía y otras enfermedades. En la descripción histórica de la melancolía se describe el influjo de Saturno en los estados melancólicos; lo mismo acontece con el vino que, bebido en exceso, es responsable de los arrebatos de manía o éxtasis durante los festejos dionisiacos y báquicos. El opio, por su parte, desempeña un papel muy importante en los relatos homéricos como *pharmakon* de excelencia y para que "la felicidad pueda ser portada en el bolsillo" (De Quincey, 2001).

La cita más famosa en torno al vínculo vino-opio-melancolía se localiza en la rapsodia IV de la Odisea. Homero describe un evento aparentemente festivo. Se trata de una reunión donde los reyes de Esparta se preparan para recibir a un invitado distinguido, Telémaco hijo de Odiseo, que acaba de arribar a la ciudad en busca de información sobre su padre desaparecido en la guerra de Troya, concluida diez años antes. Los sirvientes escogen el vino que les ha sido indicado, mientras que la esposa del rey prepara una potente droga que disipa el dolor y la agrega al vino. La droga en cuestión es conocida como *nepentes pharmakon* y de manera popular como nepenthe.

La escena tiene lugar en Esparta y los personajes son Helena, Menelao y el mismo Telémaco. Helena, como sabemos, había sido causa de la guerra pues estando casada con Menelao, recibieron la visita de Paris, príncipe de Troya, quien durante su estancia en Esparta sedujo a Helena y ambos decidieron partir hacia Troya. Menelao y su hermano Agamenón animados por un deseo de venganza, formaron un ejército de griegos y sitiaron Troya por espacio de diez años, hasta que la ciudad fue tomada por sorpresa con la famosa estrategia de Odiseo y que conocemos con el nombre de estratagema del caballo de Troya. En su oportunidad, Menelao había amenazado con matar a Helena por todas las penurias que le había ocasionado a él y al pueblo griego. Helena, aunque ya no tan joven, aún era hermosa y seductora, por ello, cuando Menelao se reencontró con ella, no cumplió su amenaza y tampoco ofreció sacrificios a los dioses. Ofendidos por ello, los dioses demoraron su llegada a Esparta por espacio de siete años. Ahora de regreso en Esparta y confrontados por Telémaco quien pregunta por el paradero de su padre Odiseo, representa para ellos un momento de rememoración de los sucesos anteriores. Menelao y Helena se ven forzados a revivir los recuerdos dolorosos pues ahora como esposos no son felices y para sobrellevar su agitada y triste vida actual, con frecuencia recurren al *nepente*. "Una droga contra el llanto y la cólera que hacía olvidar todos los males. Quien la tomare, después de verterla en la cratera, no logrará que en todo el día le caiga una sola lágrima en las mejillas, aunque con sus propios ojos vea morir a su madre y a su padre o degollar con el bronce a su hermano o a su mismo hijo" (Homero, 2012, p. 33-38).

Figurativamente, *nepente* significa *"lo* que expulsa el dolor y textualmente *sin pena, sin tristeza, sin luto. Nepente pharmakon*, es una poción mágica que Polydamma, esposa del noble egipcio, Thon, le regaló a Helena (en su travesía de regreso a Esparta) que calma todos los dolores con el olvido" (Liddell, 1968).

¿Cómo entender y discernir la reciprocidad e impacto que puede provocar el vino y otras sustancias en la emergencia o agravamiento de los trastornos del estado de ánimo y la salud emocional en general? ¿Es posible que el incremento del uso de sustancias pueda constituir también un signo que pueda ser entendido teóricamente como factor etiológico de la depresión? ¿El alcoholismo puede considerarse como *un giro a la manía*, y de ahí el uso del término *toxicomanía*?

En la segunda mitad del siglo veinte escasamente se diagnosticaban episodios depresivos, hecho que en apariencia constituye una contradicción puesto que, desde la antigüedad, con el nombre de melancolía se calificaba a los estados de tristeza o temor. ¿Qué pasó durante la segunda mitad del siglo pasado que propulsó de manera alarmante los diagnósticos de depresión? Acorde con afirmaciones de "Historiadores de psiquiatría y psicoanálisis […] la depresión fue creada como una categoría clínica […] había presión por empaquetar los problemas psicológicos como otros problemas de salud […] había que popularizar una nueva categoría diagnóstica (y un remedio para ella)" (Leader, 2011, p.19). En las cuatro últimas décadas se han realizado diversas investigaciones sobre uso de sustancias y afecciones concomitantes. Los resultados más frecuentes destacan trastornos de ansiedad y del estado de ánimo. Un gran número de investigaciones han corroborado la asociación de adicciones con ansiedad, depresión, trastorno bipolar y psicosis [locuras] tóxicas (Kaufman,E., McNaul. J., 1992); (Pettinati, *et al.*, 2013); (Langås, *et al.*,2011).

A partir de la segunda mitad del siglo XX se identifica de "manera formal" a la depresión como un trastorno frecuentemente asociado al alcoholismo, a la dependencia de opiáceos y otras sustancias. La Organización mundial de la Salud (OMS, 2004) estima que para el año 2020 la depresión sea la segunda causa de incapacidad a nivel mundial y según el informe titulado *Health for the world's adolescents,* elaborado por esta misma organización, la depresión es la principal causa de enfermedad y discapacidad entre los adolescentes de ambos sexos de edades comprendidas entre los 10 y los 19 años (OMS, 2014).

La información disponible y los datos contenidos en párrafos anteriores, constituyen el hilo conductor del recorrido histórico que se efectuará en torno a las nociones clásicas sobre melancolía y manía. Por otra parte, las alusiones al vino y opio, quizá las drogas más antiguas de las que se tiene conocimiento —como lo considera Escohotado (1998) — se entrelazan en este pasaje histórico en función de su confluencia con los estados de tristeza, dolor moral, físico y paradójicamente, como alternativas para mitigar los sufrimientos del alma.

ENFERMEDAD EN LA ANTIGÜEDAD CLÁSICA

La melancolía y la manía se conocen desde la antigüedad y forman parte del estudio de la locura en el hito histórico de la humanidad. Ambas entidades se inscriben como formas de comunicación sobre el sufrimiento físico y psíquico que presuponía una causa exterior inquietante. La creencia ferviente de que toda enfermedad tenía un origen sobrenatural condujo a pensar que la única forma de lograr la curación radicaba en la magia, en los rituales para alejar a los malos espíritus y en ceremonias catárticas de carácter colectivo. El temor sobre el daño que pudiera representar la enfermedad para el grupo social al que pertenecía el enfermo interpelaba la participación de un sacerdote, brujo o chamán en quienes se depositaba el conocimiento de ensalmos para expulsar los demonios y espíritus malignos que se habían apoderado del cuerpo; la curación se lograba también con el uso de filtros, conjuros, fumigaciones, trepanación y uso de plantas.

En las sociedades más organizadas el ejercicio de la actividad curativa era ante todo un asunto religioso. El sanador estaba representado por los sacerdotes, quienes supieron conservar el poder de los hechiceros y hacer uso de prácticas mágico religiosas para ahuyentar a los demonios responsables o para invocar a los dioses curadores. En Mesopotamia y en Egipto la medicina se entiende y se lleva a la práctica como un arte. En estas zonas geográficas la población disponía de lugares de atención y los sanadores laicos se encargaron de atender los malestares físicos. Las personas aquejadas por alteraciones corporales y manifestaciones extrañas e incomprensibles en ese tiempo, generaban temor al asociarse con eventos sobrenaturales. Sin disponer de mayor conocimiento sobre la naturaleza de estos fenómenos se empezó a bosquejar una incipiente idea de desvarío. La locura se percibía como resultado de actos de impureza o transgresión de los preceptos divinos, y para sanarla se necesitaba identificar y reconocer la falta cometida, después de ello seguía un procedimiento de purificación y posteriormente, encantamientos, sugestión, e interpretación de los sueños en templos destinados a las divinidades correspondientes a cada cultura.

En la historia de la medicina se mencionan algunos desórdenes nerviosos. En Egipto, el papiro de Ebers, siglo XVI a.c., se identifican la epilepsia y otras alteraciones emocionales ahora reconocidas como trastornos mentales. Un papiro interpretado por E. Smith en el siglo XV a.c., describe al "cerebro como el sitio donde estaban las funciones mentales e incluso se le menciona en relación con los movimientos de las personas" (Jaramillo, 2005, p. 16). De igual manera, un texto de origen babilónico detalla los síntomas de un hombre que padece ataques epilépticos frecuentes e intensos que provoca la emergencia de perturbaciones mentales caracterizadas por un conjunto de "ilusiones (*mullâte*) y una clara enfermedad mental acompañada de pérdida de interés" (López, 2007, p. 7).

Otra referencia ancestral hebraica consideraba que la vida de los hombres estaba regida por un principio de observancia y respeto a la ley, en este contexto, la salud es entendida como don divino y la enfermedad como resultado atribuible a la omisión de un precepto o transgresión de la ley judaica. En este contexto, el reconocimiento o arrepentimiento por la falta cometida es en sí mismo un acto de naturaleza catártica saludable. Una de las palabras más empleadas para designar la locura es *shiggayon*, vocablo con un tono de excitación o conducta intensamente emocional. El término *meshugga* suele aplicarse a los profetas y sus acciones" (López, 2007, p. 8). Es importante recordar la asociación de profecía y locura puesto que será uno de los preceptos filosóficos que con posteridad ejemplificarán la noción de manía o enajenación en Platón y otros filósofos.

En la astrología antigua los planetas poseían cualidades "benéficas" y "maléficas". Este calificativo es un elemento importante para que los astrólogos pudieran predecir los sucesos futuros en la vida de las personas y la humanidad. Los planetas representaban los días de la semana, los días favorables y no favorables para el ejercicio de alguna actividad. Acorde con esta forma de pensamiento se describía "la complicada naturaleza de Saturno bajo una luz marcadamente siniestra y perniciosa y tuvo gran importancia para la posterior asignación de la melancolía a la esfera de ese planeta" (Kiblansky, *et. al.*, 1991, p. 151). Saturno constituye paulatinamente el planeta que influencia los estados de tristeza y melancolía debidos en parte a la lentitud de su movimiento en la constelación planetaria. Estas ideas prevalecieron hasta el advenimiento del helenismo y posteriormente en la cultura romana promoviendo que "los astrólogos le atribuyeran un importante influjo en la aparición de la profunda relación entre melancolía y el planeta Saturno" […] "Todos los nacidos bajo el signo de Saturno son melancólicos" (Földényi, 2008, p. 49).

Los griegos aprendieron de los asirios y babilonios a identificar en la bóveda celeste a otros planetas como Saturno, Marte y Júpiter y los pensaron como dioses propios de su mitología; al planeta más distante y más lento, Saturno, le adjudicaron atributos como la lentitud, escasa fuerza para efectuar su propio movimiento, la detención aparente de su oscilación para regresar al mismo lugar de observación. También era el planeta más frío, con una sequedad mortífera y un color especial que asociaron con la melancolía. Los alquimistas por su parte, identificaban al plomo con el nombre de Saturno.

Fiel compañera del hombre en su existencia, la melancolía era una afección común a todos los seres humanos y resultado de una proyección de orden mágico y astral. El hecho de que Saturno se convirtiera en una divinidad con atributos propios en la constelación estelar y planetaria, "atestigua que si bien no todos los seres humanos se encuentran aquejados por el mal de Saturno, todos se muestran susceptibles a que alguna conjunción de los astros les provoque una tristeza negra, horror paralizante que lleva por nombre "melancolía" (Hassoun, 1995, p. 11). Este mito constituye un tema que ha dado lugar a muchas interpretaciones asociadas con la muerte.

CUERPO Y ALMA EN LA ANTIGÜEDAD

Los filósofos griegos posteriores a la escuela milesiana se incluyen dentro de los llamados presocráticos y sus postulados son considerados por muchos investigadores como los precursores de la filosofía griega. La mayoría de los escritos correspondientes a esta etapa se ubican en la primera mitad del siglo IV a.C. y afirman estar basados directamente en las enseñanzas de Sócrates. En este sentido y de manera muy sencilla, la evolución del pensamiento griego puede ejemplificarse de la siguiente manera: filosofía presocrática, filosofía socrática y filosofía griega antigua con representantes sobresalientes como Platón y Aristóteles.

En el siglo VII a.C. aparecen los primeros planteamientos sobre el alma como resultado de la inquietud de algunos filósofos para establecer un nuevo orden en las creencias mitológicas y religiosas imperantes hasta ese momento. Diógenes Laercio (1792) en sus opiniones de los filósofos "presocráticos" más ilustres, representados por Tales de Mileto, Epiménides, Anaxímenes, Heráclito, Parménides y Empédocles entre otros, realiza una semblanza sobre el pensamiento filosófico predominante. De sus amplios comentarios se han extraído varias nociones importantes; entre ellas, la que se refiere a la afirmación de que *todas las cosas* devienen de su propio principio y fin. El universo, como consecuencia de esta afirmación, era resultado de un arreglo, de un orden que en sí mismo contenía leyes y normas aplicables al origen y finitud de los seres y las cosas. Tales de Mileto sostenía que el *arje* era el agua y ésta, quizás, fue la primera explicación significativa sobre el principio del mundo físico [physis]. Este filósofo fundó la llamada Escuela de Mileto, a la cual también pertenecieron filósofos como Anaximandro, que sostenía que el *arjé* era el Ápeiron (lo indeterminado, aquello que carece de límites), en tanto que Anaxímenes decía que el principio estaba representado por el aire o la niebla, fluidos por excelencia donde la noción de alma y cuerpo son sólo componentes de una forma única. Esta visión cosmogónica es el antecedente de lo que en la actualidad se conoce como filosofía griega que abarca desde Tales de Mileto hasta los planteamientos socráticos. Párrafo establecido a partir de Laercio, D. (1792). Kirk, G.S., Raven, J.E. & Schofield, M. (1983).

En el mundo griego, como en muchas culturas primitivas, se entendía el alma como el principio de vida que dotaba con capacidades y habilidades a todo ser viviente. Esta idea se desprende de los relatos homéricos en la Ilíada y en la Odisea donde el rudimentario concepto de psique adquiere paulatinamente características particulares reflejadas en la fuerza y el valor para acometer toda clase de encomiendas heroicas, propias de los representantes griegos que descollaban en las batallas por su atributos y ayuda divina, o bien, por un carácter que los hacía sobresalir de los demás seres humanos. El concepto de psique o alma evoluciona en la obra homérica hasta fundirse con la noción de divinidad e inmortalidad. En el transcurso del tiempo la noción de alma empieza a percibirse como una realidad independiente del cuerpo, con atributos divinos e inmortales.

En esta sucesión de ideas resulta pertinente comentar que las propuestas sobre cuerpo y alma no se nos presentan como un acontecimiento estático, ello implica por lo tanto, tener presente que el mundo de las ideas, la visión del mundo y el acontecer histórico en la evolución de la humanidad, no pueden ser proposiciones definitivas puesto que el pensamiento en sí mismo implica movimiento que conlleva por lo tanto una renovación constante.

Al examinar ahora la fortuna del alma etérea en el campo de las creencias que concebían el alma como un espíritu asimilado al cuerpo por el viento venido desde las alturas, termina por "cristalizar la famosa dicotomía alma/cuerpo, característica no sólo del helenismo clásico y posterior, sino que dejó además, una impronta conceptual muy fuerte sobre el cristianismo judaico" (Álvarez, 2008). El pasaje de la filosofía presocrática a la filosofía antigua pone en evidencia que los escritos platónicos y aristotélicos aún no tienen una idea bien definida sobre las características del cuerpo y el alma. Las reflexiones platónicas sobre cuerpo y alma contienen una gran cantidad de preceptos relativos al alma y muy pocos sobre el cuerpo; si bien se identifican elementos de carácter doctrinal, los planteamientos platónicos perdurarán e impactarán el pensamiento occidental. "Se trata, como ya hemos anunciado, de la concepción del hombre como un conglomerado de dos componentes: el cuerpo, de origen terreno, que acoge temporalmente en su seno al alma, de origen celeste" (Álvarez, 2008).

En el *Fedón*, Platón (1984) describe la conversación final que Sócrates sostuvo con sus amigos sobre la inmortalidad del alma el mismo día de su muerte. Los argumentos que utiliza para demostrar la inmortalidad del alma se condensan en el tema de la reminiscencia y el de la armonía:

"¿No es —repuso Sócrates— la separación del alma y el cuerpo, de manera que el cuerpo queda solo de un lado y el alma de otro? ¿No es esto lo que se llama la muerte". Párrafos adelante agrega, "Pero que el alma vive después de la muerte del hombre, que obra, que piensa; he aquí puntos que quizá piden alguna explicación y pruebas sólidas". En este mismo texto, Sócrates abunda en cuestionamientos sobre las cualidades del alma. Las reflexiones inquisitivas a sus interlocutores sobre las dudas que ocupan el pensamiento de los hombres ante la cercanía de la muerte, tienen lugar la noche previa al momento en que le entreguen la cicuta, veneno que le causará la muerte.

Acorde con el pensamiento propio de la época es común creer que después de la muerte las almas se dirigen al Hades en espera de retornar a la vida, en tanto que el cuerpo, corruptible por naturaleza, es presa de los perros y de las aves de rapiña. Todo el contenido de este texto platónico versa sobre cuestiones relativas a la inmortalidad, las propiedades del alma incorruptible opuestas a las del cuerpo. Así pues, el alma pura, apartada del placer y del deseo a través de una cualidad reflexiva, alcanza por este medio la verdad sobre la propia existencia. En este sentido el alma es una especie de espíritu enlazado con las deidades y al separarse del cuerpo, se dirige a un lugar *superior* donde también residen los dioses.

Platón, discípulo de Sócrates, pone en boca de su maestro el aprendizaje recibido. Este filósofo ejercerá una gran influencia en los siglos subsiguientes, impactando de manera directa la doctrina cristiana del alma, que será promulgada y promovida por los llamados "padres de la iglesia". Los más representativos se identifican en la figuras de San Agustín de Hipona y Santo Tomás de Aquino, fieles seguidores de la filosofía platónica y aristotélica respectivamente. La noción clásica de cuerpo y alma pronto adoptará un lugar relevante con el advenimiento "formal" de la medicina y las atribuciones que se le adjudicarían a este binomio.

Ferrater (1983) atestigua que en sus disquisiciones, Platón identifica varias dificultades sobre el concepto de cuerpo y alma y, para subsanarlas, efectuó una distinción entre varios tipos de alma: la parte sensitiva (sede del apetito o deseo), la parte irascible (sede del valor) y la parte inteligible, sede de la razón. En el *Fedro y la República* (Platón, 1984) tenemos una primera referencia sobre las características del alma: *la psyché tiene una semejanza con* el pensamiento, la razón o a la inteligencia: *Noús, Lógos, Logistikón* y es la parte racional o intelectiva del alma; el *thymos* se relaciona con el valor y con el coraje y es la parte irascible; como tercer componente se encuentra el deseo, la proclividad a la incontinencia, dejándose llevar por la pasión, a esta parte se la conoce como la parte apetitiva, concupiscible o *epithymia*. En este contexto la *psyqué* debe mantener un estado de armonía entre cada uno de sus componentes de modo que esté en comunión con las virtudes correspondientes que en el mismo orden son: la prudencia o *phronesis y sofía;* la fortaleza y el valor *andreia* y finalmente con la templanza *sophrosyne*. Modificado y adaptado *de* Rhode E. (1948, p. 240-255) y García Gual (2004).

Si la melancolía y la manía tienen entonces su asiento en el alma tal como se advierte en esta evolución del pensamiento filosófico, entonces se pone mayor énfasis en discernir las cualidades de la *psique* y aquellas que son propias del *soma* (cuerpo), que también evoluciona para adquirir un sentido diferente al homérico. Ahora el cuerpo no es sólo un cadáver, sino que en el sentido evolutivo del término *physis*, considerado con un cariz individual e irrepetible, matiza las características propias de diversas enfermedades.

Aristóteles se refiere al alma describiéndola como la primera entelequia; es decir, un estado que tiene como ideal alcanzar un estado de perfección. De esta noción puede pensarse en el cuerpo como materia, y es a partir de este principio de corporeidad donde viven todas las cosas creadas por la naturaleza y al mismo tiempo, es también el lugar en que reside el alma. Contrario a las generalizaciones que sólo destacan la parte biológica del alma, se encuentra la famosa descripción aristotélica que de manera tajante señala que "el alma, sea que se la considere desde distintas posturas, es de algún modo todas las cosas" (Ferrater, 1983).

LA PHYSIS EN EL CONTEXTO CUERPO Y ALMA

Los filósofos presocráticos que vivieron entre la primera mitad del siglo VI a.C. y los primeros decenios del siglo IV a.C. estudiaron y desarrollaron el concepto de *physis*. Esta palabra griega se traduce como *naturaleza* y se consideró como "objeto principal de razonamiento sobre el principio de la realidad de existir". Esta noción sirvió como referente para hablar de elementos materiales como el agua, el aire o lo indeterminado y de manera sencilla quiere decir que las funciones naturales de todo ser vivo son una revelación de la esencia del individuo, de su microcosmos humano ya que el hombre se consideraba como una parte del cosmos pues aún no existía distinción entre materia y espíritu.

Entre el nutrido grupo de filósofos griegos destaca Alcmeón de Crotona (VI a.C.), quien fue contemporáneo de Anaxágoras y Empédocles. Estudió en la famosa escuela de medicina en Crotona. Conocedor de de las teorías de su tiempo escribió una obra *Sobre la Naturaleza,* en ella destaca cuatro cualidades: húmedo, seco, frío y caliente que influyen en el equilibrio de la salud. Por tanto se concluye que una alteración de esa armonía era responsable de la enfermedad. Alcmeón es el primer médico que afirma que las funciones psíquicas residen en el cerebro (Outes. D.L. & Orlando, J.C., 2008); (De La Fuente Freyre J.A., 2002).

Empédocles (490- 435 a.C.) a su vez, agrega cuatro elementos: el sol, la tierra, el cielo y el mar, fortaleciendo la filosofía pitagórica. Desde esta perspectiva el equilibrio y combinación de elementos resultaban componentes fundamentales para la salud y entendimiento del hombre. El término *krasis*, significa *mezcla y equilibrio* y, por ello, en el proceso combinatorio de los elementos somáticos naturales desempeñará un papel trascendental influyendo en los planteamientos aristotélicos e hipocráticos sobre la teoría de los humores. Se puede afirmar que estos aportes representan el inicio formal de la medicina y del tratamiento de las enfermedades que aquejan el alma contenida en el cuerpo.

El contexto médico-filosófico se erige como un pilar común a partir del cual se inventa, se modifica y se especula en el amplio sentido de la palabra; permite proponer nuevas descripciones sobre el origen de las enfermedades y sobretodo enfatiza que el alma y el cuerpo son componentes indivisibles; puesto que para la filosofía el alma es uno de sus intereses primordiales y el cuerpo a su vez, es el cimiento estructural que sustenta las hipótesis sobre las enfermedades cuyo origen se revela en los signos y síntomas corporales de los estados melancólicos y maniacos.

Así se instaura la tradición médico-filosófica que engloba a su vez dos tipos de experiencias: la que se puede denominar *psicopatología filosófica* y la que en este momento se puede llamar *psicopatología médica*; esta última se ampara a su vez en una doble analogía: la de las enfermedades del alma y del cuerpo. Quétel (2012) comenta que en la obra conocida como *Cartas a Hipócrates,* Demócrito responde a Hipócrates "que el conocimiento de la filosofía es hermano de la medicina y viven bajo el mismo techo". La primera libera al alma de las pasiones, en tanto que la segunda, elimina las enfermedades del cuerpo.

LA MELANCOLÍA EN ARISTÓTELES E HIPÓCRATES

"Quiero sugerir literalmente la unión de la melancolía con la cultura, como una conjunción de dos astros que ocupan la misma casa celeste [...] Es necesario ligar la idea de depresión con la melancolía su ilustre predecesora, para abrir las puertas del inmenso y complejo conglomerado cultural que se aglutina en torno del humor negro" (Bartra, 2001, p. 12).

El término "melancolía" se utiliza indiscriminadamente en el lenguaje coloquial. Pareciera que no es necesario definirla o describir su reveladora constancia que la identifica como una entidad clínica difícil de aprehender, inasible, etérea y fugaz en el sentido mismo de sus implicaciones anímicas, en su contumaz presencia, así como el impreciso lugar que se la ha asignado en los manuales diagnósticos actuales. Su denominación es fluctuante, dinámica y polimorfa, funge como apéndice constante en la clasificación de las enfermedades mentales, en las que en un tono de aparente ausencia, reafirma por antonomasia la certificación de su presencia como una entidad con características propias de naturaleza e historia. Este movimiento de ausencia-presencia posibilita identificarla como una eterna compañera cuyo linaje inspira e ilumina la emergencia del genio, del heroísmo y la creatividad, al tiempo que ensombrece también distintos periodos en el devenir ontológico del ser humano.

Aristóteles, también conocido por el apodo "Estagirita", fue el primer personaje que se deslindó de la postura hipocrática al referirse a la melancolía. No se dedicó a la medicina aunque desde su infancia estuvo en contacto con ella y quizá de ahí, su familiaridad con algunos temas relativos a la salud y los padecimientos. Fue discípulo de Platón, criticó varias de sus ideas y con posteridad fundó su propio sistema filosófico. Se puede afirmar que él instaura la noción histórica de que los hombres afectados por la melancolía son personas excepcionales. El escrito que sustenta su argumentación ha sido objeto de innumerables estudios en distintas disciplinas de las ciencias humanas. Su influencia puede ser observada también en una gran cantidad de manifestaciones artísticas y culturales.

En este texto, con fines prácticos, se citan fragmentos de una monografía imprescindible en el estudio de la melancolía: el famoso *Problema XXX* atribuido a Aristóteles y traducido por reconocidos estudiosos de la cultura griega. Se piensa que la autoría del *Problema* corresponde a Teofrasto, discípulo suyo, y por ello en ocasiones se ha adquirido la costumbre de atribuirlo *al Pseudo Aristóteles*; sin embargo, varios análisis filológicos le restan importancia a este hecho y en el transcurso del tiempo se ha incorporado al conjunto de escritos conocidos como *"Corpus Aristotelicus"*.

"Traducir a Aristóteles no es fácil, sobre todo, por dos razones: primero por la sintaxis oracional característica de sus escritos y porque tiene conjunciones y participios de valor que si no son entendidos por el traductor pueden arruinar la comprensión de ciertos pasajes fundamentales y dificultar el curso de la lectura. No hay que olvidar que el griego antiguo, al ser una lengua pensada más para la oralidad [*transmisión oral del conocimiento*] que para la escritura, carece de los signos que utilizan las lenguas modernas para articular formalmente el discurso" (Calvo-Martínez, 2005, p. 34). (Agrego entre corchetes *transmisión oral del conocimiento* con miras a evitar confusión con el significado de oralidad en psicoanálisis).

En relación al acto de la traducción, George Steiner (1980) en su libro *Después de Babel* describe que "Cualquier lectura profunda de un texto salido del pasado de la propia lengua y literatura, constituye un acto múltiple de interpretación [...] No existen dos lecturas, dos traducciones idénticas, pues cada una se hace desde un ángulo único". Sobre este mismo tema, Octavio Paz (1981) afirma que "todos los textos son originales, porque cada traducción es distinta. Cada traducción es, hasta cierto punto, una invención y así constituye un texto único".

Interesante resulta el adagio en que se considera al traductor como un traidor, y al mismo tiempo, en el acto de traducir, inmerso en la elección de los mejores vocablos que a su parecer darán cuenta de lo que originalmente dijo el escritor, se convierte, en el acto mismo de lectura y traducción, en autor de un escrito en su pasaje a una nueva lengua. Si todos fuésemos políglotas no habría lugar para la traducción, la creación en el pasaje de lenguas y mucho menos para la susodicha "traición".

En un intento por seguir el curso de las nociones vertidas por Steiner y Paz, comento que en este texto se incluyen dos de las varias traducciones existentes sobre el problema XXX, en ambas es posible notar giros lingüísticos en la traducción que se transmutan en interpretaciones y a la vez textos únicos; revelan estilos que conservan el significado original del discurso aristotélico. Las versiones pueden generar cuestionamientos sobre la elección y número de términos utilizados para el establecimiento del texto mismo en español, pero no es este el propósito de su inclusión en este trabajo. Al profundizar en la lectura de los textos fuente que se citan, se observa que existe una coherencia de lenguaje que con vocablos y estilo diferentes, permite que los traductores, además de comunicar, desarrollen nuevos progresos e ideas que van más allá de los límites de una traducción literal.

Sin disponer de mayor testimonio que el aportado en las incontables observaciones y notas a pie de página en ambos textos, propiamente me expuse a efectuar algunas glosas sencillas. Me circunscribí a comparar la igualdad de caracteres de muchas palabras en griego, observar la eliminación de varias de ellas, el orden diferente de algunas palabras y por supuesto, ser partícipe activo al escribir algunas ocurrencias y comentarios.

Para ilustrar el testimonio anterior, tomo en préstamo algunas líneas del último párrafo del libro *Temor y Temblor*: "Hay que ir más allá, hay que ir más allá". Este impulso de ir más lejos es ya muy antiguo en la tierra. Heráclito, *el Oscuro [...]* ha dicho "Nadie puede cruzar dos veces el mismo río." *[...]* pero "un discípulo que no se contentó con permanecer en este punto de vista; fue más lejos y añadió: "...ni siquiera una vez" (Kierkegaard, 1975, p. 212). Este educando pensaba que la permanencia en un mismo sitio era sinónimo de estancamiento, de apatía y no estaba de acuerdo en permanecer en el mismo sitio; sin afán de contradecir a su maestro manifestó su propio deseo de *ir más allá* y cruzar el río cuantas veces fuese necesario, considerando que el movimiento, que la *dynamis,* es propia del sujeto.

El concepto de movimiento aplicado al tema de la manía y melancolía es un fenómeno observado, discutido y analizado desde varias pespectivas y también ha sido objeto de denominaciones coincidentes, disímbolas y divergentes en distintos momentos de la evolución del conocimiento humano. El movimiento continuo no se correlaciona con lo ya dicho, por el contrario, aún evidencia una inquietud de búsqueda en el porvenir, en la factibilidad de ser enunciado desde otras posturas, con otros propósitos y ser tratado de otra manera.

SOBRE LA TRADUCCION DEL PROBLEMA XXX

La exposición de temas contenidos en el *Problema XXX*, se ha convertido en un punto de partida al que acude una gran cantidad de personas con intereses teóricos diferentes. De manera figurativa se puede decir que a esta fuente arriba una infinidad de viajeros que en su recorrido se detienen aquí para saciar su sed —como si de un remanso o abrevadero se tratara— siempre para constatar la imperiosa necesidad de encontrar nuevas alternativas terapéuticas para contender con el sufrimiento melancólico.

La traducción del *Problema XXX*, del griego al español correspondiente al escrito incluido en el libro *Saturno y la melancolía*, cuyos autores son Raymond Klibansky; Erwin Panofky y Fritz Saxl (1991, p. 42–53). Será citado con las siglas **KPS**, junto con la numeración de líneas anotadas en el texto aristotélico. La segunda traducción de este mismo problema se encuentra en el libro *Aristóteles. El hombre de genio y la melancolía*, cuyo autor es Jackie Pigeaud (2007, p.78-103), será identificado con las siglas **JP**. En este apartado y a lo largo de este trabajo se cita con frecuencia a László Földényi (2008) quien en su obra llamada *Melancolía*, toma como punto de referencia para su excelente estudio, las primeras líneas de la monografía aristotélica para dar inicio a un tratado que explora diferentes aristas ligadas con la melancolía.

El libro de **KPS** identifica las fuentes de las ediciones, traducciones y obras críticas a las que se recurrieron —ocho en total— para finalmente disponer del texto en griego *establecido por el propio Klibansky* que sirve como hilo conductor de la mayoría de análisis, ensayos y trabajos académicos sobre melancolía. Considero importante destacar que no se concreta sólo al texto aristotélico del problema XXX, sino que constituye sin lugar a dudas la más amplia compilación sobre melancolía en el campo de la mitología griega y romana; literatura, medicina, filosofía y diversas expresiones de las bellas artes; contiene además, una exégesis del famoso grabado que realizó Alberto Durero en 1514 titulado *Malenconía.*

La versión correspondiente a **JP**, da cuenta en notas a pie de página de las obras que fungen como sustento teórico del escrito de este autor: la edición Teubner: *Problemata Psysica* del año 1922, misma que comparte con una de las fuentes citadas por Klibansky. Además señala la supresión de una palabra en las líneas correspondientes a la numeración identificada de la siguiente manera: (954ª, 10); el desplazamiento de una coma en (955ª, 11-12) propuestas por los autores de uno de los textos fuente, *Aristotele, La "Melanconia" dell'uomo di genio*, 1981. En el apéndice de notas el autor deja constancia del trabajo realizado y de su vasto conocimiento filológico e histórico de medicina y literatura latina. En su traducción Jackie Pigeaud provee al lector de una vasta información sobre la integridad de su obra.

L. Földényi. Su libro emerge como alternativa inquietante y provocadora al transitar sobre territorios poco explorados través de análisis del pensamiento griego y filosófico, de las tragedias mitológicas, de las imágenes ilustrativas en las prácticas medievales, del renacimiento, reflexiones sobre la astrología, la quiromancia, obras pictóricas y musicales, por citar sólo algunos de los temas contenidos en su tratado.

Refrenando mi impulsividad comento que su estilo, apreciable en la forma en que traduce la frase inicial del *Problema,* promovió en mí, como sujeto lector, la oportunidad de reflexionar y en ello, en la contingencia de la reflexión, se apoya en buena parte la línea estructural de del libro que ahora tienen en sus manos.

ARISTÓTELES: FRAGMENTOS DEL PROBLEMA XXX

En este apartado las letras itálicas corresponden al texto original traducido del problema XXX en las dos traducciones seleccionadas. Identificadas como se comentó con las siglas **KPS y JP** respectivamente. A título personal, las negritas pretenden identificar diferencias o resonancias que pueden dar lugar a otras posibles interpretaciones o significados.

KPS. "¿Por qué todos los que han sobresalido en la filosofía, la política, la poesía o las artes eran manifiestamente melancólicos, *y algunos hasta el punto de padecer ataques causados por la bilis negra, como se dice de Heracles en los [mitos] heroicos? (953ª 10).*

JP. *"¿Por qué razón **todos aquellos que han sido hombres de excepción, bien en lo que respecta a la filosofía, o bien a la ciencia del Estado, la poesía o las artes, resultan ser claramente melancólicos,** y algunos hasta el punto de hallarse atrapados por las enfermedades provocadas por la bilis negra, tal y como explican, de entre los relatos de tema heroico, aquellos dedicados a Heracles? (953ª 10).*

La alusión a Heracles [*Hércules en la mitología romana*] tiene como propósito mostrar el atributo *excepcional* del héroe más conocido en la mitología griega. Entre sus características sobresalientes destacan su extraordinaria fuerza física, orgullo y evidente arrojo en las batallas y sus hazañas en los trabajos que le fueron encomendados. Heracles como la mayoría de los personajes heroicos tenía antecedentes divinos y mortales, pero ello no fue impedimento para ser afectado por la bilis negra, que en su caso se evidenció por una locura con horribles desvaríos y furores.

KPS. *"[...] Pues al parecer tenía esta constitución por lo cual los antiguos llamaron 'enfermedad sagrada' a los ataques epilépticos. Eso indica su ataque* *de locura en el **episodio de los niños**, así como la erupción ulcerosa que tuvo antes de su desaparición en el monte Eta; pues en **muchos** esto es síntoma de bilis negra"* (953ª, 15).

JP. *"[...] En efecto, este héroe parece haber sido de esta naturaleza, puesto que los antiguos denominaban a los males de los epilépticos, a partir de él, 'enfermedad sagrada'. **El acceso de locura dirigido contra sus hijos**, así como la desaparición de las úlceras justo antes de su desaparición en el Eta, lo demuestran. Pues esto es algo que les sucede a muchos a causa de la bilis negra"* (953ª 15).

Si bien Aristóteles enuncia la *"enfermedad sagrada"* o epilepsia como efecto primario de los ataques producidos por el humor atrabiliario, diversos estudios realizados con posteridad, ponen de manifiesto que el contexto en que se desarrolla esta *monografía*, no se debe confundir nunca la locura melancólica de Heracles con la epilepsia, puesto que las crisis convulsivas conllevan un origen y sintomatología completamente diferente.

Heracles tuvo en su juventud muchos antecedentes de impulsividad, ira sin control, agresividad física y a una edad temprana, mientras recibía clases de música mató a su maestro Lino con una lira, por llamarle la atención al no dedicar el tiempo suficiente a sus estudios. Puede decirse que tuvo un comportamiento anormal a lo largo de su vida y quizá el más conocido de ellos sea el que se refiere al "episodio de los niños" o "acceso de locura dirigido contra sus hijos", entendiendo por ello que lo que aconteció era bien sabido en su tiempo por los conocedores de la mitología griega; en otras palabras, en uno de sus arrebatos melancólicos Heracles mató a sus hijos y probablemente a su primera esposa Megara.

Luego de conocer sus antecedentes caracterológicos y el ataque melancólico, conviene mencionar que también fue un defensor responsable en el establecimiento y observancia del orden que imperaba en el Olimpo; destacó por su extraordinaria fuerza y coraje en la batalla, el orgullo y la influencia que tuvo como antepasado directo de los Reyes de Esparta, y en cierta medida, debido al predominio e importancia que tuvo esta *polis* [ciudad estado] le otorgaron un lugar de excepción que hicieron de él, el más importante de los héroes griegos y una leyenda de culto por excelencia. Así pues, la parte trágica del destino de este personaje se evidencia desde su juventud por tener un humor melancólico constitucional. En este caso y de la manera en que se plasma en los poemas homéricos, más bien parece corresponder a los extremos opuestos de heroísmo y excepcionalidad en oposición a un estado de confusión extrema y desesperanza.

KPS. *"También el lacedemonio Lisandro padeció de úlceras semejantes antes de morir.* **Tenemos también las historias de Áyax y Belerofonte: el uno perdió totalmente el juicio,** *mientras que el otro buscaba por morada los lugares desiertos […] (953ª, 20).*

JP. *Le sucedió también a Lisandro el Laconio, a quien se le manifestaron estas úlceras antes de su muerte. Por no hablar ya de lo que concierne a* **Áyax** *y aún* **Belerofonte, el primero se tornó totalmente loco,** *el otro vagaba en busca de lugares solitarios […] (953ª, 20).*

Áyax, fue un guerrero que en fuerza superaba a los demás con excepción de Heracles. Conciente de esta capacidad, paulatinamente creó una percepción personal de poder absoluto; en esa misma medida una percepción errónea de autosuficiencia tan exacerbada que rechazó toda ayuda que le fuera ofrecida por las divinidades o por los mismo hombres. Su fuerza y logros alcanzados en las batallas y retos que enfrentó sólo con su propia fuerza fueron precisamente las causantes de que paulatinamente se fuera aislando de los demás, al tiempo que quienes lo conocían se expresaban de él comentando *quien tiene mucha fuerza física y escasa fuerza mental.* Como consecuencia de una acción de escasa monta en que le quitaron las armas de Aquiles para otorgárselas a Odiseo, se sintió ofendido, despojado y con certeza entendió este evento como un insulto a su capacidad y habilidades.

Una herida narcisista que no pudo soportar, de manera tal que triste, solitario y avergonzado se suicidó.

Belerofonte a su vez, con el antecedente de haber matado involuntariamente a un hermano, emprende un viaje para purificarse de la acción cometida. En la ciudad de Tirinto, el rey Preto lo acoge como huésped y participa en su purificación. La esposa del rey de nombre Estenebea se enamora de él y trata de seducirlo, pero Belerofonte se niega a sus deseos. Por no acceder a las demandas amorosas de la esposa de su anfitrión, ella misma, con falsedad, lo acusa de haber intentado seducirla. Furioso, sin cuestionar la honorabilidad de su esposa este rey diseña una estrategia para que asesinen a Belerofonte en lugares apartados de sus dominios. De esta manera Belerofonte llega a casa del suegro del rey Preto sin sospechar que solicitaban su muerte. Lo sometieron pruebas difíciles, entre ellas que diera muerte a la Quimera, un monstruo aterrador con cabeza de león, cuerpo de cabra, trasero de dragón, que vomitaba fuego y mataba rebaños a su paso. Belerofonte mató a la quimera.

A diferencia de Áyax, Belerofonte acepta la ayuda de las divinidades, entre ellas Atenea, quien —en una de varias versiones— le ofrece a Belerofonte una brida de oro para domar a Pegaso el caballo alado quien con sólo dar una patada hacía brotar ahí una fuente de agua cristalina. En otras versiones se dice que fue la misma diosa Atenea quien le entregó el caballo ya domado por ella. Con esta ayuda salió airoso de las batallas, sin embargo, su ímpetu vencedor en todas las encomiendas lo llevan a pensar que está por encima de todo. Empieza a cuestionar las leyes universales y la existencia de los dioses, pero al mismo tiempo, en su caballo Pegaso, quiere acceder a las alturas y equipararse con las divinidades. Los dioses le impiden el paso, lo devuelven a la tierra y se muestran despiadados con él. Sin recursos intelectuales, solo, se ve rechazado por las deidades, no entiende que su soberbia forjó su destino. Evitando el contacto humano deambuló solitario por las llanuras de Alea con sentimientos que le corroen el alma hasta su muerte.

En su texto *Melancolía*, Földényi (2008, p. 15), formula una pregunta directa: **"*¿Cómo es que todos quienes sobresalen en la filosofía, en la política, la poesía o el arte son melancólicos?*"** [Itálicas corresponden al texto original y negritas al autor].

No pregunta **¿Por qué?** como en los textos citados con anterioridad sino que con el adverbio interrogativo **¿Cómo?**, introduce un giro lingüístico cualitativo que demanda una respuesta sobre la causa o razón por la que los melancólicos sobresalen en esas ocupaciones y luego de algunas disertaciones sobre la excepcionalidad retoma el planteamiento: "*Aristóteles no contesta a esta pregunta, si bien nombra algunos personajes famosos que considera melancólicos: Ayax, Belerofonte, Heracles, Empédocles, Platón, Sócrates y Lisandro*". Y concluye afirmando a manera de respuesta "**Todos tienen en común la grandeza, el heroísmo, la excepcionalidad…, pero no sólo esto: el lado oscuro de sus vidas, si así puede llamarse, también era algo fuera de lo normal**"

A pesar de la respuesta que otorga Földényi, considero que aún mantiene una atmósfera inquietante pues el vocablo interrogante **¿Cómo?**, continúa inquiriendo ¿A qué se debe su emergencia? ¿Cómo adviene este estado de genialidad? ¿O de volverse completamente loco? Estas formulaciones surgen ya no de la intención primaria de la escritura del presente texto, sino de una reflexión sobre la lectura. En este caso el **¿cómo?** *sugiere que debe haber respuesta sobre las causas y diferencias cualitativas* entre las diversas manifestaciones melancólicas puesto que, cualquier persona que haya experimentado episodios depresivos o modificaciones en el estado de ánimo, puede llegar a creer de manera irreflexiva y banal, que comparte esas características de orden "*excepcional*". He aquí la validez del cuestionamiento sobre la genialidad. En esta línea de pensamiento la pregunta **¿Cómo?** *también interroga sobre los accesos de locura, sobre la manía, sobre la violencia y sobre la muerte* en cada uno de los héroes, filósofos, políticos y poetas.

Esta síntesis de vida y hazañas de los *héroes excepcionales* y su trágico destino tienen como intención primera, mostrar lo que Aristóteles considera como rasgo genial o sobresaliente, influido quizá por la gran aceptación y el carácter grandilocuente que se le otorgaba a los héroes en los relatos míticos y enseguida, por destacar presencia en este grupo a Empédocles, Sócrates y Platón *como* ejemplos de personajes históricos que manifiestan su genialidad en el campo de la enseñanza y transmisión de la filosofía.

En concordancia con la estructura y desarrollo del texto aristotélico y con el propósito de encontrar respuestas al cuestionamiento que con el que da inicio el *Problema XXX* proseguimos con el desarrollo del tema:

KPS. *"Pues muchas de esas personas padecen trastornos de resultas de esta clase de mezcla en el cuerpo; algunas tienen solo una clara tendencia natural a esas afecciones, pero, por decirlo brevemente, todos son, como ya se ha dicho, melancólicos por constitución"* (953ª, 30).

JP. *"Pues en muchos de éstos se manifiestan enfermedades provocadas por una mezcla así en el cuerpo, mientras que en lo que respecta a los demás, su naturaleza se muestra con claridad proclive a las enfermedades". Pues por decirlo en una palabra, todos ellos como ya se ha indicado antes, parecen ser de este natural"* (953ª, 30).

Derivado de la consideración aristotélica sobre las enfermedades y su origen, se destaca en esta ocasión la inclusión del término **mezcla (krasis)** en quienes tienen una constitución melancólica. Recordemos brevemente que en el apartado correspondiente a los filósofos presocráticos se describió que Alcmeón de Crotona agregó las *cualidades húmedas, secas, frías y calientes* como factores etiológicos de la enfermedad. A su vez, Empédocles, adicionó *los elementos correspondientes a la influencia del sol, tierra, cielo y mar.* En la teoría aristotélica, la noción de *meson*, que se traduce generalmente como *término medio*, es el resultado de una buena *eucrasia;*

una mezcla equilibrada. En suma, una buena mezcla de los humores y un buen equilibrio (*meson*) tienen como resultado una salud normal.

> "La melancolía, dice Hipócrates, es una enfermedad del cuerpo; el fluido espeso de la bilis negra predomina en detrimento de los otros humores, envenena la sangre y puede causar diversas enfermedades, desde el dolor de cabeza hasta la lepra, pasando por enfermedades del hígado y del estómago. La sangre, por su parte, es la cuna de la razón, del espíritu, y así se explican, pues los resultados y consecuencias corporales y espirituales de una bilis negra que envenena la sangre. La bilis negra en sí no es la enfermedad, sino que se convierte en tal como consecuencia de una mala combinación" (Földényi, 2008, p. 18)

Aristóteles, contemporáneo de Hipócrates, conocedor de la teoría humoral refiere que la melancolía puede manifestarse en aquellos casos en que exista un exceso de bilis negra en el organismo comparativamente con la cantidad de los otros humores existentes, teniendo como consecuencia una *discrasia;* es decir, que no se realiza una *mezcla* equilibrada, que no se mantiene un término medio (*meson)* y al mismo tiempo, que la predominancia de frío o calor inciden de manera directa en la emergencia de cierto tipo de comportamientos que bien pueden corresponder, por ejemplo, a alteraciones transitorias por malfuncionamiento digestivo —puesto que se pensaba que la melancolía era producida por un padecimiento del hipocondrio ubicado en la porción superior del estómago— o bien, por efecto de un exceso de frío o calor.

Ahora bien, cuando se trata de una *melancolía constitucional* entonces la gama de manifestaciones son variables y se evidencian por un estado de expectación y melancolía que, en sí mismas, conllevan un importante monto de ansiedad. En la actualidad se tratan como entidades separadas sin aparente injerencia de una sobre la otra. Bien dicho, la angustia se encuentra presente en la melancolía, forma parte de ella, y cuando primariamente predomina la angustia, la melancolía adopta la forma extrema de desesperanza. Si al estado melancólico se agrega una fuerte carga de calor entonces se presenta un desorden, un desequilibrio *(discrasia)* que puede promover un estado de exaltación, alegría y diversión sin motivación aparente; puede, de igual manera, conducir al desenfreno, al furor, a la violencia, a la pérdida de juicio; y a la inversa, si en la persona se manifiesta un predominio *cuantitativo* de bilis negra y la *mezcla* se ve influenciada por el frío, entonces aparece la tristeza, abatimiento irracional, aislamiento, pérdida de interés y, como corolario, el suicidio.

Hasta este momento sólo disponemos de información relativa a los conceptos de mezcla, al equilibrio en su concepción cuantitativa de la bilis negra y la influencia de una mala digestión o del predominio de los elementos correspondientes al frío y al calor. No se señala ni describe la existencia de otros factores que pudiesen incidir en la diversidad de manifestaciones melancólicas atribuidas al *humor negro.*

KPS. *"Para descubrir el porqué, hemos de empezar sirviéndonos de una analogía: es manifiesto que* **el vino, tomado en gran cantidad, produce en los hombres unas características muy semejantes a las que atribuimos a los melancólicos,** *y a medida que se bebe configura diversos caracteres, verbigracia irritables, benévolos, compasivos o desenfrenados"* [...] *(953ª, 35).*

JP. *"Es preciso por lo tanto, sirviéndonos de un ejemplo, abordar en primer lugar la causa. Así pues,* **el vino tomado en abundancia parece que predispone a los hombres a caer en un estado semejante al de aquellos que hemos definido como melancólicos,** *y su consumo crea una gran diversidad de caracteres, como por ejemplo los coléricos, los filantrópicos, los compasivos, los audaces* [...] *(953ª 35).*

Para conocer *la causa* por la que algunas personas tienen una *predisposición natural o constitucional* para padecer una afección ocasionada por la bilis negra, Aristóteles propone servirse a manera de ejemplo, de los efectos provocados por el vino. Utilizando entonces una analogía escoge el vino —bebida al alcance de la mayoría de la población desde la antigüedad— para mostrar la influencia y efectos que produce en el organismo, al tiempo que enfatiza los momentos en que se ingiere mayor cantidad y los resultados en cada una de ellas. Lo que dice entonces es que *el vino tomado en diferentes cantidades muestra las características de personalidad del sujeto* de acuerdo a su estadio de embriaguez hasta llegar a lo que pudiésemos denominar *embriaguez patológica*, pero toda esta diversidad de caracteres que se presentan con mesura o sin ella, siempre será individual, puesto que no todos tienen la misma susceptibilidad a los efectos del vino y en consecuencia serán proclives a "adelantarse", en lo que concierne a este ejemplo y llegar prontamente a la embriaguez con cantidades menores. A la inversa, hay sujetos que tienen mayor "capacidad de resistencia" (*tolerancia*) y con ello, la respuesta esperada toma más tiempo comparativamente a la sucesión de etapas que se describen en el ejemplo aristotélico. **Lo interesante de esta enunciación consiste en que Aristóteles dice que la bilis negra tiene *efectos semejantes a los que provoca el vino*** [Itálicas y negritas del autor].

Esta imagen comparativa sobre los efectos del vino y aquellos producidos por la bilis negra, esquematizan un trayecto que invita a recorrer los caminos del escrito y opinar que, en algunos sujetos, los efectos sintomáticos por ingesta de alcohol o vino pueden ser del tipo *natural* y en consecuencia *transitorios* en la mayoría de los sujetos; en tanto que para otros, quienes tienen una predisposición alcohólica, los efectos son de por vida. En otras palabras, ilustra episodios aislados de embriaguez y estados crónicos en los que la bebida se convierte en el objeto único de existencia y esta aseveración es válida para ambos ejemplos: alcoholismo y melancolía.

KPS. *"Aquellos que cuando están sobrios son fríos y taciturnos, se tornan más habladores cuando han bebido un poco en exceso; si beben un poco más se ponen grandilocuentes y jactanciosos, y, cuando pasan a la acción, desenfrenados; si beben aún más se ponen insolentes, y luego furiosos; mientras que un exceso muy grande los debilita por completo y los torna tan estúpidos como los que son epilépticos desde la niñez o los que son víctimas de la melancolía excesiva"* (953b).

JP. *"Pues si se apodera de aquellos que cuando no beben resultan fríos y silenciosos, al tomar una cantidad mayor en poco tiempo, los convierte en charlatanes; son un poco más elocuentes y confiados, y, caso de seguir bebiendo, audaces en el obrar; si beben aun un poco más se tornan violentos, después locos. Y una enorme cantidad los vuelve estúpidos, como aquellos que son epilépticos desde la infancia, o los que se hallan afectados en grado sumo por las enfermedades de la bilis negra"* (953b).

De nueva cuenta, Aristóteles vuelve a tomar como ejemplo el tema del vino para hacer más vívida su explicación sobre la manera en que conceptualiza la melancolía; así pues, Aristóteles se sirve de un ejemplo bastante común y, al parecer, característico de la zona mediterránea. Destaca en su reflexión los comportamientos observados en los bebedores y plantea una variadísima tipología de caracteres; desde los silenciosos y taciturnos hasta los enloquecidos y violentos pasando por los elocuentes, besucones, charlatanes, llorones, exaltados y estúpidos. Esta analogía atestigua la asociación existente entre melancolía y uso del vino, bebida que a pesar de ser reconocida como lícita y beneficiosa para la salud, no por ello deja de tener efectos y repercusiones poco favorables para las personas en estado de ebriedad.

Por el efecto depresivo que tiene el alcohol sobre el Sistema Nervioso Central y los daños a la salud, tiene la capacidad de considerarse como un agente facilitador y agravante en estados de melancolía, manía y otros padecimientos mentales que por el momento no constituyen los objetivos centrales de este texto. Baste decir que muchos casos en los que se conoce la existencia de antecedentes de episodios depresivos, maniacos o psicóticos, un estado de embriaguez —no solamente debido al alcohol— pueden dar lugar a intentos de suicidio, homicidios imprudenciales y favorecer la manifestación de delirios y enfermedades mentales latentes. En otras palabras: tanto en la antigüedad como en la época actual puede producir cuadros de agitación, alteración de juicio y conductas erráticas asociadas con la muerte.

KPS. "[…] *el humor melancólico en la constitución natural es ya algo mixto, al ser una mezcla de calor y frío, pues de estas dos cosas se compone la naturaleza".* (954ª, 10) [...] *"Ahora bien, si la bilis negra, siendo fría por naturaleza y no superficialmente, se encuentra en el estado dicho, y si hay exceso de ella en el cuerpo, produce apoplejías, torpores, depresiones o ansiedades; pero si se calienta demasiado produce animación con cánticos, éxtasis, y la erupción de úlceras y cosas semejantes"* (954ª, 20).

JP. "[…] *en la naturaleza, de un modo espontáneo, existe la mezcla de un tal humor, la bilis negra; pues se trata de una mezcla de calor y de frío. Pues de estos dos elementos está compuesta la naturaleza"* (954ª, 10) [...] "La bilis negra es fría por naturaleza, y no reside en la superficie; cuando se halla en este estado que acabamos de describir, si se encuentra en exceso en el cuerpo, produce apoplejías, torpezas, **athymías,** o miedos, pero caso de estar demasiado caliente, origina los estados de **euthymía** acompañados de canciones, los accesos de locura, erupciones de úlceras y otros males semejantes (954ª, 20).

L. Földényi. "Aristóteles fiel a la tradición hipocrática […] considera insano el predominio de la bilis negra. La persona *en la cual se calienta en exceso* se muestra alegre y divertida sin motivo alguno (*de ahí esta relación entre melancolía y manía ya definida en la antigüedad*) en cambio, *la persona en la cual se enfría demasiado* se muestra triste y abatida" (2008, p. 21) [Itálicas y negritas del autor].

Los seguidores de la tradición hipocrática, integrantes de la *escuela de Cos,* mantienen el uso del término *melankholía* como una aportación médica para denotar las condiciones clínicas que dan lugar a la aparición de un estado anómalo resultante del influjo de la bilis negra y las cualidades de frío y calor. "La fiema, por ejemplo, suele compararse con lo frío, mientras que a la bilis se la considera caliente. Hay individuos flemáticos, biliosos, sanguíneos, según el humor que en ellos predomina, aunado a la estrecha relación de las condiciones ambientales, de las aguas, los vientos y las estaciones del año" (López Férez, 1986).

Como se dijo anteriormente, Aristóteles no era médico y aunque conoce y acepta la tradición y los planteamientos humorales sobre las causas de la enfermedad, al referirse a los estados melancólicos le da un giro a la concepción médica prevaleciente y adjudica a este padecimiento los atributos de genialidad, talento, excelencia, heroísmo y otras cualidades que no se observan en los casos donde predominan otros humores. Antes de concluir sus disquisiciones sobre el *Problema XXX*, destaca los efectos que ocasiona una mezcla anómala de la bilis negra por efecto de las cualidades del frío y del calor. "Las virtudes del cuerpo, por un lado, así como la salud y el bienestar, residen [...] en la mezcla (*krasis*) y en una correcta relación (*symmetria*) entre el calor y el frío, ya sea en su relación recíproca interna, ya sea en lo relativo al medio ambiente" (Pigeaud, 2007, p. 23).

Para concluir con la transcripción de los pasajes sobresalientes que dieron cabida a los comentarios y reflexiones generadas hasta este momento sobre la concepción médica y filosófica de la melancolía, se incluye a continuación el parágrafo final de esta monografía sobre la bilis negra:

KPS. *"Resumiendo: al ser variable la acción de la bilis negra, son variables los melancólicos, porque la bilis negra se pone muy caliente y muy fría. Y puesto que determina el carácter (porque el calor y el frío son los factores más importantes de nuestro cuerpo para la determinación del carácter), así, como el vino introducido en el cuerpo en cantidad mayor o menor, hace personas de tal o cual carácter. Y tanto el vino como la bilis negra contienen aire. Ya que es posible que esta mezcla variable esté bien templada y bien ajustada en cierto sentido —es decir, que ahora esté más caliente y luego más fría, o viceversa, según se requiera, debido a su tendencia a los extremos— eso hace que todas las personas melancólicas sean personas fuera de lo común, no debido a enfermedad, sino por constitución natural"* (55ª, 40) (Klibansky, et al., 199, p. 53).

JP. *"En resumen, los melancólicos son inconstantes debido a que la fuerza de la bilis negra es inconstante. Y es que la bilis negra es a un tiempo demasiado fría y demasiado caliente. Y puesto que esta modela los caracteres (pues, de lo que se halla en nosotros, son el frío y el calor los que modelan el carácter), del mismo modo que el vino mezclado en nuestro cuerpo en mayor o menor cantidad modela nuestro carácter, nos hace ser de tal o cual manera. Ambos, el vino y la bilis negra, contienen viento. Pero desde el momento en que es posible que exista una buena mezcla de la inconstancia, y que esta sea, en cierto modo, buena, y ya que es posible, por fuerza, que la diathesis [***predisposición orgánica a padecer una enfermedad***] demasiado caliente sea, al mismo tiempo, demasiado fría (o a la inversa, a causa del exceso que presenta), todos los melancólicos son seres excepcionales, y no por enfermedad, sino por naturaleza"* (Pigeaud, 1996, p. 103). (Agregado entre corchetes mío).

A manera de conclusión sobre los efectos que la bilis negra provoca en las personas, Aristóteles incide en la semejanza de efectos que produce el vino. En este último párrafo de su monografía, discurre sobre la influencia de dos *cualidades: frío y calor* para hacer patente que quienes por natural son fríos y silenciosos, al exponerse a una ingesta de vino ingerido en un escaso tiempo, tienen tendencia a ser más comunicativos y más parlanchines sin evidenciar desconfianza alguna. "Si la bilis negra es enteramente fría produce alfeñiques letárgicos o necios obtusos, si es enteramente caliente produce personas alocadas, vivarachas, eróticas y excitables en general, propensas al trance y al éxtasis" (Klibansky, *et al.*, 1991, p. 55-56). Este comentario parece influenciado por Platón cuando se refiere a la acción de mayor calor sobre la bilis negra y afirmar que produce, entre otros efectos, personas *eróticas, excitables, propensas al trance y al extasis*, en tanto que esos calificativos, como veremos más adelante son característicos de la manía y de lo que se conocerá como *locura divina*.

En suma, el estagirita utiliza como recurso figurativo los conocidos efectos del vino para ejemplificar las manifestaciones clínicas que, desde su punto de vista, son responsables de la melancolía. Destaca también la noción de *cantidad de bilis negra y las cualidades de frío y calor* para especificar y distinguir distintos momentos evolutivos de la melancolía: los que considera *"normales"* —episódicos o transitorios sin manifestaciones graves— hasta los casos de *"verdadera melancolía"* resultantes de un estado *natural melancólico premórbido*, aunado al incremento de bilis y a la *influencia del frío* en personas taciturnas proclives al aislamiento. Por otro lado se ubican aquellos en quienes *la bilis se encuentra demasiado caliente* y provoca estados como los descritos para Áyax, Belerofonte y Heracles.

> "Se nos dice que Empédocles, Sócrates y Platón eran melancólicos. En lo que a Sócrates respecta este no es sino el primer "diagnóstico", dentro de una historia "patológica" del personaje que no hacía más que comenzar. [...] Heracles conoció la locura y las ulceraciones; Lisandro las úlceras —y en su vejez se distinguía por su escasa prudencia, por su arrogancia y orgullo— Áyax la locura; Belerofonte recorrió los desiertos. He aquí una manifestación de la melancolía, la búsqueda de la soledad, ésta, unida a la misantropía, es consubstancial a la melancolía" (Pigeaud, 2007, p. 13)

Se afirma que la bilis negra se encuentra presente en todos los seres humanos y que las manifestaciones corporales no son iguales o semejantes. Esencialmente tiene su origen en el cuerpo, pero también influye en el estado de ánimo debido a una modificación transitoria en la cantidad de bilis negra circulante en la sangre. Aunque las consecuencias son observables en el aspecto físico, es frecuente que se acompañe de espanto y consternación puesto que "las capacidades del alma y de la mente [...] se vinculan de modo imperceptible, pero sólido, con el múltiple y variado mundo del cuerpo" (Földényi, 2008, p. 19).

HIPÓCRATES

Hipócrates, contemporáneo de Sócrates y Platón, provenía de una familia emparentada con Esculapio. Su nombre, la práctica de la medicina y la tradición médica familiar constituyen los componentes de la primera clasificación de enfermedades en la historia occidental. Como principio práctico del ejercicio médico se introduce también una nueva denominación a la persona que tiene una afección: el concepto *enfermo* que se adjudica a "un ser vivo que padece una enfermedad" (Larousse, 2007). "Conviene recordar que [Hipócrates] no es el fundador de la medicina, sino más bien, el legislador" (Collée et Quétel, 1994).

Los conceptos hipocráticos planteados por Hipócrates en el siglo IV a.C., se centraban en la teoría humoral contenida en el *corpus hippocraticum,* en ella se describe la interacción de los "cuatro humores" o jugos corporales: Sangre, Bilis Amarilla, Bilis Negra y Flema, que se corresponden con los *"cuatro elementos"* Aire, Fuego, Tierra y Agua. Este planteamiento indica que cada humor es combinación de dos de las "cuatro cualidades": Cálido, Húmedo, Seco y Frío, y con ello determina la preponderancia de uno de los "cuatro temperamentos", sanguíneo, colérico, bilioso y flemático. La bilis negra, vinculada a lo patológico, hace coincidir como órgano sede al bazo y señala que "lo frío y seco, la tierra y el otoño, traen episodios de desaliento, de honda tristeza y de inmovilidad" (Pérez, 2005). De esta manera la clasificación humoral indicaba la orientación emocional prevaleciente en las personas, de modo que todas las enfermedades eran resultado de la perturbación del equilibrio humoral, por exceso o corrupción de uno o más humores.

La idea rectora de la medicina practicada por Hipócrates estuvo sustentada en la filosofía presocrática de la naturaleza *(physis),* que es una fuerza irreductible a cualquier intento humano. Esta fuerza impone un límite infranqueable al tratamiento de las enfermedad pues la propia naturaleza

del enfermo produce armonía, tiene un logos y una razón; debido a ello, la fisiología puede estudiarse acorde a las nociones de la propia naturaleza y analizar los efectos lo húmedo, caliente, seco y frío. De manera semejante, la influencia que ejerce la época del año, el temperamento del enfermo y de ahí continuar con el pronóstico del caso.

CUADRO DE LOS HUMORES Y SUS CORRESPONDENCIAS

HUMORES	TEMPERAMENTOS	ÓRGANOS	CUALIDADES	ELEMENTOS	ESTACIONES
SANGRE	SANGUÍNEO	CORAZÓN	CÁLIDO Y HÚMEDO	AIRE	PRIMAVERA
BILIS	BILIOSO	HÍGADO	CÁLIDO Y SECO	FUEGO	VERANO
ATRABILIS (BILIS NEGRA)	MELANCÓLICO	BAZO	FRIO Y SECO	TIERRA	OTOÑO
PITUITA (FLEMA)	LINFATICO	CEREBRO	FRIO Y HÚMEDO	AGUA	INVIERNO

Histoire des maladies mentales. **Collée M, Quétel C. Presses Universitaires de France, 1994**

La teoría humoral contiene en su fundamentación un análisis y significado de los fluidos que habitan el cuerpo: la sangre, la bilis amarilla, la flema y la bilis negra. La explicación de las enfermedades mentales reposa sobre la perversión o discrasia de los humores. Así, la melancolía responde a la acción maligna de la bilis negra o atrabilis y a la falta de equilibrio considerado como un principio agresivo e inestable aunado a la deficiencia de la flema, la humedad y las estaciones del año, entendidas como factores que inciden directamente en el inicio de esta enfermedad.

Los humores se manifestaban como una especie de secreciones en personas enfermas que contraían alguna infección por medio de alimentos contaminados por gérmenes desconocidos de modo que la enfermedad debía ser expulsada del organismo para restablecer el equilibrio. Ahora bien, cada uno de los humores es susceptible de relacionarse de manera variable con cada uno de los causantes tanto de la enfermedad como de la salud y en ambos procesos incidían las cuatro estaciones del año, pues cada uno de los humores es susceptible de relacionarse de manera variable con esa intrincada organización que genera las enfermedades, así como los posibles remedios.

ESCUELAS DE PENSAMIENTO MÉDICO

Es de conocimiento general que las teorías hipocráticas tuvieron una gran acogida en el pensamiento médico y filosófico; su influencia tuvo una repercusión importante hasta finales del siglo XIX. El largo periodo grecorromano que abarca desde el siglos V a.C hasta el siglo V d.C. estuvo completamente impregnado por la tradición del famoso médico de Cos, y de esta tradición surgieron varias escuelas destacando las siguientes:

La escuela dogmática. Es la más fiel representante del pensamiento hipocrático en cuanto al tratamiento y enfatiza el interés por los temas relacionados con las particularidades de la anatomía e investigación razonada sobre la esencia de las enfermedades y de la escasa claridad de las causas que inciden en su aparición; así, un examen enfocado hacia las posibles causas orgánicas en el individuo afectado, presumiblemente conduciría a realizar mejores diagnósticos y evitar suposiciones basadas en impresiones sensoriales. La medicina se limita entonces a los hechos observados y a la experiencia. Esta escuela consideraba que en el arte de curar, lo único válido era la experiencia directa.

La escuela empírica. Como su nombre lo indica, se opone al razonamiento de los síntomas observados y nuevas posibilidades etiológicas del trastorno, confinando la medicina solamente a los hechos observados.

La escuela metodista. Destaca que los poros de la piel pueden ensancharse o estrecharse, por esta cualidad a través de ellos fluye el pneuma. Explica que el estado de salud dependerá de los movimientos de las partículas que se hallan en constante movimiento, de su agitación o relajamiento y del tránsito del pneuma o de los espíritus.

La escuela neumática. Considera que el pneuma o espíritu aéreo modifica tanto líquidos como sólidos, así, el soplo y la respiración tienen un papel fundamental en el origen de la enfermedad. El pneuma, producto refinado del aire exterior, circula por el cuerpo humano y le da salud cuando el estado de tensión es conveniente. La tensión entonces cobra un sentido fundamental. En los casos en los que se evidencie un incremento de la tensión es muy probable que desencadene estados convulsivos que, a su vez, sin precisar diferencia entre causas y manifestaciones, puede dar lugar a un estado melancólico, delirios y furor.

Si a estas cuatro escuelas se agregan las aportaciones de Galeno, Celso y Areteo de Capadocia en su práctica médica en los siglos I y II d.C. es comprensible entonces que los conceptos hipocráticos hayan evolucionado y perdurado de manera tan sensible y coherente a lo largo del tiempo. Por ello, es posible hablar de una quinta escuela:

La escuela ecléctica. Considerada como la última de este periodo le otorga un papel destacado a la melancolía. Aulio Cornelio Celso, más conocido como Celso, fue uno de los representantes de esta escuela. Suponía que la melancolía era una enfermedad crónica acompañada de alucinaciones independientemente de que fuesen personas tristes o alegres; en las personas en la que las alucinaciones no están presentes, la melancolía se circunscribe a meros estados de temores y tristeza. El eclecticismo de Galeno, la grandeza de Celso y la de Areteo de Capadocia, dio origen a lo que en la historia de la medicina y de la psiquiatría se conoció como medicina científica.

CLASIFICACIÓN HIPOCRÁTICA DE LAS ENFERMEDADES

En la historia de la medicina y de la melancolía, se considera que Hipócrates es la figura más representativa de la época. Constituye un verdadero parteaguas en tanto que promueve una separación entre la concepción primitiva de magia y religión y lo que podríamos denominar el verdadero nacimiento de la medicina y psiquiatría. Rehúsa la propuesta de que existe una relación entre enfermedades mentales y manifestaciones sobrenaturales o religiosas; se muestra plenamente convencido de que la locura, como cualquier otra enfermedad, tiene una causa orgánica natural, que puede ser observada, estudiada y comprendida en cuanto a sus manifestaciones. Reconoce al cerebro como órgano responsable del pensamiento y a su vez certifica que las afecciones mentales se definen sin necesidad de recurrir a explicaciones sobrenaturales. Afirma también que la epilepsia no es sagrada y tampoco una enfermedad divina, reitera que tiene una causa natural como las otras enfermedades.

En el *Corpus Hippocraticum* "se encuentran distinciones entre las causas externas que se originan por una mala alimentación, traumas, venenos, parásitos y aquéllas que se relacionan con las emociones violentas; por otra parte se encuentran las internas vinculadas con la raza, el temperamento, sexo y edad. Pero el proceso, *en esencia*, siempre es el mismo" (Laín Entralgo, 1978, p. 94). Hipócrates clasificó las enfermedades como agudas y crónicas; endémicas y epidémicas, e introdujo conceptos como *recaída, exacerbación*; crisis, resolución; paroxismo, pico, convalecencia etiología y pronóstico, términos que todavía tienen un uso definido en la práctica médica.

Las enfermedades descritas en ese conjunto de obras se sustentan en un conjunto de reflexiones y observaciones prácticas en las que, desde una perspectiva teórica actual, se puede afirmar que corresponden varios trastornos neurológicos y mentales, ocupan un lugar que, aunque modesto y poco preciso, destacan de manera importante si se considera que no fue sino hasta el advenimiento del conocimiento médico cuando por su origen se deslindaron de ser consideradas como fenómenos sobrenaturales. De estas enfermedades las más importantes "son el esfacelo del cerebro, la apoplejía, el letargo, la frenitis, la melancolía y la epilepsia; esta última magistralmente descrita en el apartado *Sobre la enfermedad sagrada*" (Laín Entralgo, 1978, p. 97).

Conviene tener presente que todas las manifestaciones que se encuentran relacionadas con los efectos de la bilis negra son variables en intensidad y frecuencia, y también pueden recibir distintas denominaciones como en los casos descritos en los poemas homéricos y en los tratados médico-filosóficos. "Podría argumentarse, desde luego, que si la *dysthimia* y el miedo van ligados a la bilis negra, tal y como lo afirma Hipócrates, ello no representa, ni de lejos, todos los estados que van ligados a la bilis negra" (Pigeaud, 2007, p. 72).

A continuación se enuncian y describen someramente las enfermedades con más relevancia en el ejercicio de la medicina helénica:

Histeria. Conocida ya desde la época faraónica en Egipto, la histeria se menciona en la tradición hipocrática y se plantea la teoría ya conocida del viaje de la matriz y de las manifestaciones nerviosas que acompañan a sus desplazamientos. La histeria fue objeto de un cuadro clínico muy preciso: dificultades respiratorias, "hinchazones", dolores abdominales, parálisis transitorias o mutismo, pero la patogenia permanece "egipcia", es decir, desechado por la castidad, el útero migra hacia lo húmedo y provoca así los diferentes síntomas. De esta manera y durante varios siglos, la histeria se separa de los trastornos nerviosos.

Epilepsia. En el trabajo clásico de Hipócrates denominado "La Enfermedad Sagrada", denuncia acremente las teorías que le adjudican un carácter divino y sobrenatural a esta afección y a las prácticas mágicas y supersticiosas por las que los charlatanes pretenden curarla. "Esto es lo que acontece con la llamada enfermedad sagrada: me parece que en nada es más divina ni más sagrada que las otras. Sin duda, gracias a la maravillosa inexperiencia hemos visto en su causa y naturaleza algo [del orden] divino; en efecto, no se asemeja en nada a otras afecciones (Littré, 1849, p. 359). La incapacidad para comprenderla preservó durante mucho tiempo ese carácter divino pues al atribuir la enfermedad a una deidad, al mismo tiempo "ocultan su impotencia y desconcierto por no contar con ninguna ayuda que ofrecer (Aeckerknecht, 1968, p. 23).

Frenitis. Asclepiades (124 o 129 a.C.–40 a.C.) En oposición a Hipócrates y partidario en parte de la teoría atomista, afirmaba que la frenitis —frecuentemente confundida con la manía a la que él llamaba letargia— era una enfermedad aguda debido a una constricción de los poros u obstrucción de ellos por un exceso de átomos, en tanto que las enfermedades crónicas eran resultado de un relajamiento de los poros o una deficiencia de átomos (Postel y Quétel, 1987, p. 17) citando a Celio Aureliano en su obra *Causa de las enfermedades agudas, I.* escriben: "La frenitis es una detención de las partículas o una obstrucción de las membranas del cerebro, frecuentemente sin dolor pero con alienación y fiebre".

En el pensamiento hipocrático corresponde a un cuadro psicótico agudo. Es un delirio agudo, acompañado de fiebre intensa, continua y se acompaña de un estado de excitación. La palabra delirio en este contexto era muy poco precisa. En la actualidad corresponde a estados tóxico infecciosos acompañados de fiebre y etiología diversa; estados confusionales, agitación y estupor. En los documentos históricos sobre medicina y psiquiatría se describen cuadros nosológicos parecidos a la melancolía con manifestaciones que pudieran corresponder a la manía, sin embargo, la sintomatología predominante diferenciaba cada uno de estos estados. La mayoría de las referencias que se hacen de ella la identifican como locura aguda, es decir, que es una enfermedad de aparición más o menos reciente y cuyas manifestaciones se oponen a otros estados de agitación, delirio y padecimientos de tipo crónico cuyo ejemplo más conocido corresponde a la melancolía.

La frenitis es conocida principalmente por tratarse de un estado febril intenso y quienes estaban afectados por esta enfermedad presentaban movimientos sin intención definida como si el enfermo tomara con las manos algunos objetos, a ello se aunaban estados de insomnio, pulso febril débil y dolores diafragmáticos. Con cierta frecuencia se observaban momentos de euforia y tristeza, motivos por los que llegó a confundirse con la manía.

Melancolía. Más compleja que el concepto de manía o de frenitis, melancolía implica esencialmente la presencia de la bilis negra, humor secretado por el bazo; este humor era el responsable de las pasiones tristes.

Manía. A diferencia de la frenitis que se describía como una enfermedad aguda, la manía se caracterizaba por ser una afección crónica, con delirio continuo sin fiebre, acompañada de una fuerte agitación que podía manifestarse aislada, o bien, como resultante de otra enfermedad.

MELANCOLÍA Y MANIA EN LA ANTIGÜEDAD CLÁSICA

La melancolía y la manía ocupan un lugar destacado en la enunciación de los trastornos mentales. Ambas entidades tienen una historia importante en cuanto a su desarrollo y vicisitudes a lo largo del tiempo y, en sí mismas, no han perdido resonancia ni importancia clínica, pues aún constituyen un tema de estudio en la historia de la medicina, en la filología, y en el campo de la psiquiatría y de la salud mental en general.

Las referencias a la melancolía se encuentran en inscripciones y documentos de diversas culturas. Las crónicas más ancestrales están contenidas en el antiguo testamento donde se describe el caso de Saúl (1030-1010 a.C.) quien "había manifestado una conducta premórbida en su juventud, desarrollando posteriormente una irritabilidad anormal caracterizada por ira, celos y una gran suspicacia hacia su hermano David. Muchos historiadores consideran que se encontraba afectado de lo que ahora se conoce como psicosis maniaco-depresiva". En esta misma fuente se relata también el caso de Nabucodonosor (605-562 a. C.) rey de Babilonia "aquejado de gran irritabilidad y depresión incontrolable, que a finales del siglo XVII fue diagnosticada retrospectivamente como *licantropía* —una enfermedad en la cual el paciente se percibe o cree ser un lobo, un toro o alguna otra bestia salvaje" (Freedman *et al.*, 1975, p. 13).

"En la Grecia clásica, *melancholia* significaba normalmente un desorden mental que implicaba un prolongado estado de miedo y depresión [...] "y ocasionalmente en el lenguaje popular se usaba para denotar una conducta loca o nerviosa" (Jackson, 1989, p. 16). El adjetivo melaina (melas-aina-an), negro o negra según corresponda al enunciado, y el sustantivo kholê (bilis o hiel), conjuntan como término descriptivo uno de los humores conocido como *Melaina kholê*, mejor conocido *bilis negra* y en su transliteración como *Melancolía*.

"La melancolía fue conocida con distintas denominaciones en el siglo XIV: *malencolye, melancoli, malencolie, melancholie* y otros vocablos más que con ligeras variaciones en la grafía aparecieron como sinónimos de *Melancholia* y pasaron también a ser términos populares" (Jackson, 1989, p. 17). En su pasaje al latín, la bilis negra recibió el nombre de atrabilis para denotar un estado de tristeza, irritabilidad, aislamiento, soledad y, en general, un talante taciturno, atribuido al carácter de las personas aquejadas por este padecimiento; en la descripción de sus manifestaciones sobresalen también atributos como violencia, irritación, arrebato irracional, estado colérico y propensión a conductas caracterizadas por furor intenso. Se afirma que la bilis negra, que es fría y seca, se produce o tiene su asiento en el bazo, y sus efectos se manifiestan en personas que tienen mal carácter, genio destemplado y proclive a la violencia, tal como lo describió Aristóteles en el primer párrafo del *Problema XXX*.

La melancolía y sus disímbolas expresiones forman un conjunto de enfermedades catalogadas como melancólicas, todas ellas debidas a una discrasia, es decir, a un defecto o inadecuada "combinación" de los humores que en ocasiones corresponde a un estado de locura y otros desórdenes mentales resultantes de una alteración cerebral. Atribuida principalmente a factores humorales y siguiendo la tradición presocrática, se considera como una enfermedad del alma con un sustento somático y, por lo tanto, pertenece primariamente al campo de la filosofía y secundariamente al de la medicina. La naciente concepción de melancolía

> "no consideraba las características corporales de la bilis negra como exclusivas del cuerpo, sino que las alzaba a un plano espiritual y de este modo las empleaba también para interpretar todo el cosmos" […] "La melancolía es la enfermedad tanto del ánimo como de la estructura física, tanto de la mente como del cuerpo. Unidad del alma, por un lado, y combinación cósmica de los elementos que también influyen en el cuerpo, por otro" (Földényi, 2008, p. 16-19)

Hipócrates en el Aforismo XXIII del libro VI declara: "Si el temor y la tristeza perduran largo tiempo, significan cólera negra" (Sedeño de Mesa, 1789, p. 156). El autor agrega una nota sobre su traducción:

> "En el texto Griego está la palabra *Melancholicon*, que al parecer se traduce mal en cólera negra; porque por nombre de cólera negra entiende Hypócrates el humor atrabiliario; más cuando dice melancolía, entiende el mismo afecto melancólico y así en el presente Aforismo se debe entender que significa [...] delirio melancólico, al que anteceden y acompañan las sobredichas pasiones, porque los vapores melancólicos, por ser terrestres, gruesos y negros, introducen disposiciones en el cerebro, para que no pueda participar de aquel esplendor que por su naturaleza gozan los espíritus animales"

Existen muchas traducciones de los Aforismos hipocráticos, incluyo en este escrito, una traducida al castellano en forma de verso, correspondiente a la forma de escritura y métrica acorde al estilo imperante de la época:

"Si la tristeza y temor

Largo tiempo perseveran

En los festivos y alegres

Melancolía demuestran"

(Casal y Aguado, 1818, p.169)

Otra de las traducciones que han destacado en idioma español dice: "Si el temor y la tristeza perseveran mucho tiempo, esto indica melancolía" (García, 1990, p. 326). El énfasis por destacar esta frase en tres distintos periodos consiste en el hecho de que esta aseveración representa, como lo enuncia Pigueaud (2007, p. 60), el momento inaugural o "acta de nacimiento de la melancolía como enfermedad". Muchos investigadores lo consideran como el verdadero origen del advenimiento científico de la melancolía, aunado al *Problema XXX*, ya descrito con anterioridad y a la *Carta 17 dirigida a Damageto*.

El *corpus hippocraticum*, consta de 21 volúmenes, aunque no existe un acuerdo tácito entre los estudiosos de su obra, algunos llegan a citar hasta 50. Lo importante consiste en el contenido disponible y en este momento, aquellos que se refieren a la melancolía. Algunos autores, incluidos Jackson, Tellenbach, Klibansky y Laín Entralgo comentan que el citado corpus "proporciona una caracterización o conceptuación de la melancolía [...] Dicho de otro modo, se trata de asignar a esas enfermedades, nombres de la nosología actual en la medida en que ello sea posible" (Domínguez, 1991, p. 259-267).

Con la intención de ilustrar este comentario, a continuación transcribo tres testimonios más sobre melancolía, contenidos en Litré. Hippocrate en Oeuvres Complétes, Vol. 5, *Épidemies, Septiéme libre. Affections 86, 87,89:*

> 86. *"Padecimiento mental. Terrores sin motivo.* La aflicción de Nicanor. Cuando salía a beber, sentía miedo cuando tocaban la flauta; cuando asistía a un banquete los primeros sonidos de la flauta le aterrorizaban, decía que apenas podía contenerse cuando era de noche, pero si escuchaba el instrumento durante el día no experimentaba ninguna emoción".

> 87. *"Padecimiento Mental.* Terrores sin motivo. Democles, que estaba con él, parecía tener la vista borrosa y el cuerpo todo quebrantado. Decía que no se atrevía a pasar cerca de un precipicio o sobre un puente, ni cruzar una zanja poco profunda por temor a caerse, pero en cambio, era capaz de caminar por la zanja misma. Esto persistió durante algún tiempo".

> 89. *"Padecimiento Mental.* Parmenisco ya anteriormente había caído en desánimo y un deseo de dejar la vida. A veces recuperaba el ánimo; una vez, en otoño, encontrándose en Olinto se vio aquejado de afonía, manteniendo la calma y esforzándose en pronunciar algunas palabras, de nueva cuenta perdía la voz, si lograba hablar perdía la voz de nuevo. A veces dormía y a veces tenía insomnio, agitación y temblor silencioso, e inquietud; se llevaba la mano al hipocondrio como si le doliera y a veces dándose la vuelta hacia la pared yacía tranquilo manteniéndose en reposo. No tuvo fiebre, su respiración era tranquila y finalmente dijo reconocer a algunas personas que entraban;

en cuanto a la sed, podía no beber un día entero aunque se le ofreciera y de pronto, tomando un vaso repentinamente bebió toda el agua. La orina era espesa. Al decimocuarto día la enfermedad cesó".

En la *Epístola* o *Carta a Damageto* se describe la consulta que tuvo Hipócrates con el filósofo Demócrito de quien se sospechaba estuviese invadido por la locura. En ocasión de su entrevista encontró al filósofo escribiendo y le preguntó sobre qué escribía, Demócrito le respondió "un libro sobre la locura [...] sobre cómo se origina en el hombre y como se puede curar de ella". Hipócrates observó que a su alrededor se encontraban restos de pieles de los animales que había disecado, Demócrito continuó "Y esos animales que ves ahí, los despiezo con esta finalidad, no porque odie las obras de Dios, sino para buscar la naturaleza y sede de la bilis. Pues bien sabes que es la causa del furor y locura de los hombres, cuando es demasiado abundante". También le comentó que los motivos de su risa se debían a su observación de que todos los hombres deliran por encontrar fuentes de riqueza; ansían conocer países extranjeros sin conocer el suyo; otros quieren mandar y no se ordenan ellos mismos; otros más son seductores de mujeres, hay quienes se casan y luego se separan; los artesanos quieren ser magistrados y los magistrados quieren aprender las artes. Después de exponer todas sus razones Demócrito preguntó "Hipócrates ¿tengo motivo para reírme de los hombres? ¿Me falta el juicio cuando los llamo locos? Y te envían a ti para que cures mi locura con eléboro? ¿No es mejor que ellos lo tomen? Se dice que Hipócrates estuvo de acuerdo con el planteamiento y se refirió a este filósofo como *un hombre sabio e instruido*. Párrafo establecido a partir de la carta de Hipócrates a Damageto bajo el título *Sobre la risa de Demócrito*, basado en Joubert (2002, p. 179-186) y Feijoo B.J. (1778).

La cultura griega asoció desde épocas muy tempranas las nociones de aflicción o cólera con la oscuridad, donde el color terroso asociado con lo oculto, lo negativo el temor y el dolor psíquico, constituían un peso, una carga de la que hay que liberarse y la forma más frecuentemente descrita es el suicidio, acto que aunque histórico, no deja de tener vigencia y prevalencia en diversas culturas de la actualidad.

MELANCOLÍA EN LA MEDICINA PREGALÉNICA

Areteo de Capadocia (siglo I d.C.) Fue uno de los primeros médicos griegos que se dedicó a compilar la información existente y dejar amplia constancia de sus hallazgos en una de sus obras llamada *De re medica* (De materia médica). Entendía la melancolía como un síntoma que debía diferenciarse del frenesí, ya que este último se caracterizaba por enfermar todo el cuerpo con fiebre aguda, continua, que podía llegar a causar demencia. En el apartado correspondiente a las enfermedades crónicas donde ubica a la melancolía, menciona que:

> "La bilis negra si se presenta como trastorno agudo en las partes superiores del cuerpo, es muy peligrosa; y en las partes bajas no deja de ser peligrosa, pero, en los trastornos crónicos, si se localiza en las partes inferiores origina eructos hediondos con olor a pez, transmite también hacia abajo ruidosas flatulencias y altera la mente. Por ello, los antiguos les llamaron personas melancólicas y flatulentas"

Esta descripción también se hace en Aristóteles (*Problema XXX*) y en Galeno.

> "En algunos casos, no hay ni flatulencia ni bilis negra sino [manifiesta] rabia, dolor y triste abatimiento del estado de ánimo, porque bilis e ira son sinónimos en su carácter de negrura. Al decaimiento del estado de ánimo se asocian fantasías sin fiebre y me parece que que la melancolía es principio y parte de la manía…"

Areteo efectúa una descripción precisa y detallada sobre la melancolía y la asocia también con la ira desmedida y su cercanía con estados de locura. En esta misma obra, en el capítulo VI, describe diferentes formas de manía; manía como una forma de locura crónica sin fiebre. Destaca también la ingesta de vino que puede inducir estados delirantes y locura de manera semejante a la provocada por la mandrágora.

Sorano es también una de las fuentes más importantes de esta época en torno a la melancolía. En su *Tratado Sobre las Enfermedades Agudas y Crónicas,* Sorano refiere que

> "la causa de la melancolía no solamente es la bilis negra, sino un estado de 'cólera negra', que se presenta con mayor frecuencia en varones en la flor de la edad y que puede ser producida por trastornos digestivos, drogas, miedo y preocupaciones. Los síntomas principales son decaimiento, taciturnidad, deseo de morir, extraordinaria desconfianza, llanto, musitación y ocasional jovialidad" (Ackernet, 1968, p. 30)

Considera que existen sólo tres enfermedades mentales: Frenitis, Manía y Melancolía. Manía significa simplemente la forma agitada y melancolía la forma tranquila de la enfermedad. En este punto conviene hacer una reflexión, pues al parecer habla de un sólo trastorno con dos posibles formas de manifestación, donde la manía corresponde a la condición agitada, exaltada y proclive a los excesos y su contraparte, la melancolía, se manifiesta con tristeza, desinterés y aislamiento. ¿Son dos caras de la misma moneda?

Rufo de Efeso (siglo I d.C.). Describió la melancolía con base en los preceptos de la teoría humoral considerando tres tipos: en el primero la bilis negra actuaba principalmente sobre el cerebro, en el segundo, el más grave, se difundía por toda la sangre, en el tercero se localizaba en el estómago; en este último caso se producían los cuadros hipocondríacos, noción que sería retomada con gran interés en la época medieval".

> "Describir las causas de todos los síntomas que presenta cada uno de los casos es algo imposible porque surgen infinidad de cuestionamientos, como por qué (los melancólicos) ven peligros donde no los hay [...] Así, el que se imagina ser una olla de barro debe esta ilusión a la sequía, en tanto que frío y seco es el humor melancólico, es el mismo que imagina tener la piel seca como el pergamino. Citemos aún a quien creía que no tenía cabeza (?), Quizás debido al efecto que producía la ligereza del soplo de aliento que sentía en lo alto de su cabeza. ¿Por qué los melancólicos tienen un gran apetito? Probablemente porque el orificio en su estómago es frío"

En este apartado de *Melancolía*, Rufo plantea una pregunta tras otra transmitiendo con ella el carácter poliforme de la melancolía, tanto en lo que concierne al naturaleza emocional como a sus aspecto físico. Párrafo establecido a partir de Rufus D'Éphèse (1879) y Romero (2013).

Rufo de Éfeso no puede ser comparado con ningún otro médico de la antigüedad. Consideró dos grandes vertientes sobre la melancolía: la melancolía como una afección mental con un origen fisiológico y en segundo término, la melancolía generada por una predisposición caracterizada por una gran desesperación, así como con una gran capacidad creadora. Rufo enfatizó desde entonces el "tono", el matiz que adquiriría muchos años después. De Rufo tomamos un caso de melancolía:

> "Conocí a otro hombre en quien la melancolía comenzó por una quemadura de la sangre. El hombre era de carácter pacífico y el temor y la inquietud que lo atacaron no eran muy fuertes e incluso ese temor y aun la inquietud estaban mezclados con algo de buen humor. La causa de su estado era que meditaba sin cesar sobre la ciencia geométrica y también que participaba en las fiestas mundanas ofrecidas por el príncipe [A causa de esto] se había acumulado en él una materia biliosa negra, en un momento en que la edad por sí sola la produce habitualmente y es preciso añadir que en su juventud tenía ya temperamento sombrío. Cuando se añadió la edad, la bilis negra se acumuló en él" (Postel y Quétel, 1987, p. 27).

Celio Aureliano (siglo V d.C.). Traductor latino e intérprete de los autores griegos, es principalmente conocido por su traducción del griego al latín de un trabajo de Sorano de Éfeso, *Sobre enfermedades agudas y crónicas*. En este texto dice que "la melancolía toma su nombre del hecho de que el enfermo vomita a menudo bilis negra" […] Más adelante agrega "la melancolía es una enfermedad que afecta el pensamiento, con tristeza y aversión por las cosas más queridas y se presenta sin fiebre. La melancolía toma su nombre de que el enfermo vomita a menudo bilis negra" (Postel y Quétel, 1987, p.21).

Entre la gran cantidad de referencias en torno a la melancolía, Celio Aureliano agrega: "quienes están afectados por una melancolía en verdad declarada, están llenos de ansiedad y malestar, además de mostrar tristeza acompañada de mutismo y de odio a lo que los rodea. Luego, unas veces el enfermo desea morir, otras veces vivir, y sospecha que se traman contra él maquinaciones. Al mismo tiempo llora sin motivo, pronuncia palabras incomprensibles, carentes de sentido, y luego vuelve a la hilaridad" (Postel y Quétel, 1987, p. 23-24).

Claudio Galeno. Pérgamo (130-, 200/216 d.C.). La posteridad lo ha colocado en un rango semejante al de Hipócrates debido la combinación del conocimiento humoral combinado con su propia pericia y habilidad para practicar un saber médico coherente. Con una visión monoteísta captó la atención y reconocimiento de los teólogos cristianos y se destacó como un médico importante en Roma. Ecléctico en la práctica profesional relacionó la melancolía con un exceso de atrabilis y "describió varios tipos de alteraciones melancólicas que en conjunto denominó *paranoia*; resaltó las manifestaciones derivadas en parte de falsas impresiones sensoriales agrupadas en lo que llamó *phantasis*; y común a todas ellas, se encontraba el temor y la desesperanza (dysthymia)" (Freedman *et al.*, 1975).

Para Galeno, la melancolía se debía indudablemente a la bilis negra, pero el exceso de bilis negra podía manifestarse y desarrollarse en distintas partes del organismo, provocando signos y síntomas diferentes; aunado a ello y siguiendo la doctrina hipocrática, reiteró la importancia de realizar un diagnóstico diferencial y realizar un pronóstico, "subrayó con más claridad que nadie la conexión causal directa entre la constitución corporal y el carácter, y afirmaba que la disposición espiritual depende de la 'crasis' del cuerpo" (Kiblansky, *et al.*,1991, p. 77). Al establecer los principios teóricos comunes en la obra de Galeno y los importantes fragmentos de la obra de Rufo de Éfeso (Siebeck, 2008) distingue en Galeno tres tipos de melancolía;

1) la variedad hipocondriaca que se origina en la región epigástrica; 2) la melancolía encefálica que afecta primariamente al encéfalo y finalmente, 3) la melancolía general, donde la corrupción de la bilis negra impregna o invade la totalidad del cuerpo.

El más representativo de los eclécticos se mantuvo fiel a la tradición hipocrática sobre la melancolía; compiló los conocimientos de sus predecesores y realizó una nueva clasificación de los trastornos señalando que las causas de la locura podían ser orgánicas o mentales. Sostuvo que la melancolía era una enfermedad crónica recurrente, debida indudablemente a los efectos de la bilis negra. Las afecciones de la razón eran en lo esencial, lesiones de la sensibilidad, de la inteligencia y ofuscación por perturbación de los humores a nivel cerebral.

> "Los melancólicos están siempre invadidos por temores, pero las imágenes fantásticas no se presentan a ellos siempre de la misma manera [...] Los melancólicos son presa de tristeza, de temor, acusan a la vida y odian a los hombres, pero no todos desean morir. Por el contrario, hay otros en quienes la esencia misma de su melancolía es el temor a la muerte. Otros nos parecen extraños: temen la muerte y al mismo tiempo la desean" (Galeno, 2003, p. 134)

A partir de la tétrada de los cuatro elementos Galeno estableció una asociación entre la constitución corporal y el carácter; así, el carácter sanguíneo promovía que el hombre fuese terco y tonto, audaz y atractivo; por su parte, la bilis amarilla lo hacía aguzar su ingenio y habilidades siendo también irritable e impulsivo. Los aquejados por la bilis negra tienden a ser constantes, firmes en la toma de decisiones, proclives a abandonar la tristeza y capaces de mostrar sus habilidades; finalmente aconseja al flemático que abandone la pereza, que se torne audaz, confiado y que ponga atención a sus trabajos.

La melancolía es, en verdad, la enfermedad que por excelencia ejemplifica la relación del alma con el cuerpo, "la relación armoniosa; es un término medio resultante de la una mezcla. La salud del alma y la salud del cuerpo, comparadas por Aristóteles en la *Física*, son las virtudes del cuerpo, por un lado, así como la salud y el bienestar que residen [...] en una correcta relación (*symmetria*) entre el calor y el frío" (Pigueaud, 2007, p. 23).

La melancolía es el concepto más difícil de definir y al mismo tiempo es el que desde la antigüedad se perpetúa hasta nuestros días, sin embargo, la variedad de sus manifestaciones ha sido cuestionada. El humor correspondiente a la bilis negra es el responsable de ocasionar un estado de melancolía que se manifiesta —tal como se describe reiterativamente en diversos escritos sobre este tema— por dos sentimientos específicos: tristeza y miedo. En uno de sus comentarios sobre la melancolía, Galeno "observa que algunos casos pueden ser producidos por una bilis negra 'producida por intenso calor local que puede hacer hervir a la bilis amarilla o la sangre más espesa y oscura' [...] estas últimas resultado de la combustión producida por un calor anormal" (Jackson, 1989, p. 21).

La melancolía se erige así en testigo inamovible de cada momento en que los seres humanos han experimentado espasmos convulsivos, aterradores y sobrenaturales. Los melancólicos se percatan que son personas poco confiables, aislados, perspicaces, delirantes y que pueden estar aquejados de locura; una locura que puede aparecer en cualquier momento matizando su vida con temor, miedo y una angustia paralizante.

LA MANÍA-LOCURA

Desde la más remota antigüedad se conoce la existencia de la locura. La presencia de los locos en diversas comunidades causaba estupor, asombro, desconfianza y admiración. Como se ha descrito con anterioridad, el origen de la locura se atribuía a la influencia de los planetas, a la posesión de los espíritus y al conjunto de experiencias que formaban parte del cortejo religioso y cultural prevalente en cada una de las culturas antiguas. En el transcurso de tiempo, los eventos históricos relevantes y el conocimiento general aplicable a la locura, sobrevivieron al tiempo y llegaron hasta nuestros días constatados en tratados filosóficos, en documentos fidedignos que dan cuenta de la organización gubernamental, de la estructura social, religiosa y valores imperantes que debían poseer los ciudadanos. A partir de ello conocemos la mitología, el pensamiento filosófico, poético y un buen número de tragedias, tan importantes como ilustrativas de una cultura floreciente que necesariamente tuvo que ser asimilada por el advenimiento del nuevo imperio romano.

> "…la palabra '*meni*' en griego antiguo significa *manía* […] desde hace más de dos mil años en el primer verso de la *Ilíada* […] se ha traducido y continúa utilizándose de manera radicalmente incorrecta en casi todas las lenguas del mundo. […]. Esta palabra que por lo común se traduce por cólera, en griego antiguo tiene un significado más hondo y complejo. La palabra '*meni*' designa un malestar hondo, prolongado, enfermizo, un estado de depresión" (Kadré, 2010, p. 29-30).

> "Las *(Eu)meni/des*, también llamadas *Erineas*, en su origen no eran sino la personificación femenina de la venganza y castigaban a quienes cometían crímenes […] los antiguos griegos preferían llamarlas Euménides [divinidades "benévolas"] pues si se les llamaba por su verdadero nombre su ira era implacable" (Smith, 1873).

La μανία [manía] —en singular— es *la verdadera locura; la locura clásica* que antecede todo origen "formal" de la enajenación. Es por ello que en los relatos homéricos y mitológicos, en general, al igual que en las tragedias, las interpretaciones son disímbolas aunque acordes al tema que se describe. En las tragedias de Esquilo, Eurípides y Sófocles se observan disparidades e interpretaciones ambiguas sin que demeriten la idea central que desempeña la *manía-locura* en la caracterización de las conductas de sus personajes. Muchos estudiosos y filólogos consideran que las tragedias son las fuentes más fidedignas de la concepción de locura en la Grecia clásica. La locura constituye el núcleo de un buen número de tragedias que se articulan en torno a crisis de demencia constituyéndose como una fuente de procedimientos narrativos extremadamente fértiles en sentimientos.

A partir del estilo descriptivo de Homero en la *Ilíada*, Áyax sirve como ejemplo para comentar que uno de los rasgos sobresalientes que lo identifican, consiste en el arrojo y heroísmo de este personaje que ostensiblemente evidencia una obstinada resistencia para escuchar y considerar los consejos y recomendaciones que le hacían. Sobresalen pues, dos referencias contrastantes; por una parte se le compara con un león por su furia en la batalla y también se le compara con un asno por su carácter testarudo y beligerante (Homero, 2012).

Los personajes mitológicos contenidos en la *Ilíada* y en la *Odisea,* son retomados por la mayoría de los autores de las tragedias acorde al estilo literario de cada uno de ellos. En lo que concierne a los arrebatos de locura, Sófocles, en la tragedia de Áyax describe la condición psicológica de uno de los héroes más sobresalientes con gran peso dramático, "la locura causada por Atenea llamada *theía manía [...]* es anterior a esta locura, que puede concebirse como una forma de *até* —insensatez, errores de juicio— de castigo divino. La causa última de sus males es su cólera, su *khólos,* su furia homicida y su sed de venganza, y esta condición mental es anterior a la intervención de la diosa" (Orsi, 2007, p. 119) [Itálicas mías].

Esquilo, otro de los autores más reconocidos, escribe entre otras, la *Trilogía de Orestes*. A manera de síntesis con las implicaciones que involucra todo acto sumario, ejemplifico otro caso: Orestes, hijo de Agamenón y Clitemnestra, aun era niño cuando su padre se ausentó del hogar para participar en la guerra de Troya. Durante su larga ausencia, su madre Clitemnestra y Egisto se hicieron amantes y planearon su muerte y lo asesinaron al regresar de Troya. Electra, hermana de Orestes teme por la vida del niño y lo envía con un rey de Fócide. Cuando Orestes tenía veintidós años, irreconocible físicamente, se presenta ante su madre para comunicarle que Orestes ha muerto y tras vacilar unos instantes, con ademanes fingidos muestra dolor por la muerte del hijo. Orestes se reencuentra con su hermana quien le demanda venganza por el asesinato de su padre. Ante la insistencia y sed de venganza de Electra, entre ambos traman la muerte de Egisto y de Clitemnestra. No sin reticencia, pues se debate ante una gran ambivalencia, Es Orestes quien consuma el asesinato de ambos. Esta tragedia escrita por Eurípides y Esquilo versan sobre el mismo tema: el inminente estado de locura de Oreste, quien "se queja ante Menelao del insoportable acoso de las *Erineas*, las innombrables 'doncellas semejantes a la noche', que le provocan ataques de locura, como castigo por el asesinato de su madre" (Palavecino, 2010, p. 373).

La mitología griega describe tres dioses asociados a la locura: Até, Manía y Dionisios:

Até era la diosa de la insensatez y la ruina. Personificaba las acciones irreflexivas y sus consecuencias, o los errores cometidos por *hybris,* o prepotencia. Los antiguos griegos creían que estas acciones inevitablemente llevaban a los hombres a la perdición o la muerte. En la Ilíada, Homero dice que Até es la hija mayor de Zeus; por su parte Hesíodo en su *Teogonía*, afirma que la madre de Até es "la tozuda Eris. La maldita Eris parió a la dolorosa Fatiga, al Olvido, al Hambre y los Dolores que causan llanto, a los Combates, Guerras, Matanzas, Masacres, Odios, Mentiras, Discursos,

Ambigüedades, al Desorden [Até, Discordia] y la Destrucción" (Pérez; Martínez, 1990, p. 80). Algunos autores la consideran hija de Zeus y Eris, pero no se menciona el origen paterno en ninguna parte. En su tragedia *Julio César,* Shakespeare presenta a Até como una invocación de venganza y amenaza. Marco Antonio, lamentando el asesinato de César, imagina al "espíritu de César, pidiendo venganza, con Até a su lado llegará ardiendo del Infierno, gritará en estos confines con voz de monarca "¡Destrucción!" y soltará los perros de la guerra" (Skakespeare, 1970, p. 165).

Manía. Era la personificación de la locura. Enviada por los dioses para trastornar las facultades mentales de quienes no observaban las leyes divinas. Aunque por muchos estudiosos de la mitología no era una diosa, poseía gran destreza para influenciar a los dioses y a los héroes para causar catástrofes e impulsarlos a cometer crímenes y percibir la realidad de una manera distorsionada. Esquilo (2011, p. 168) en su *Trilogía de Orestes,* realza el papel que desempeña la *Manía,* cuando Orestes, al cumplir veinte años, retorna a Atenas. Azuzado por su hermana Electra, en un arrebato de locura venga la muerte de su padre al asesinar a Clitemnestra, su madre, y a Egisto, su amante. Después de este acto, Orestes *fuera de sí, proclama:* "Y ahora, sabed... ¿en qué va a acabar esta historia? Soy como el auriga que perdió las bridas y ve a sus corceles correr fuera del camino [...] Junto a mi corazón se ha erguido el pavor y se dispone a cantar horrendo canto y a bailar funesta danza estrepitosa..."

Dionisios, simbólicamente es el fruto de una doble gestación: primero humana por su madre y luego divina por su padre Zeus. Dionisios o Baco, para los romanos, no es un héroe ni un semi-dios; ascendió al *Panteón griego* como un verdadero y poderoso dios, muy diferente al resto de las deidades helenísticas. En el marco del culto que se rendía, se atribuye al vino la propiedad de exaltar y embriagar ya que en la vid crece la locura y se contagia a todos los que beben sus poderosos jugos. Esta y otras atribuciones míticas eran observadas en las fiestas organizadas en su honor y gracias a un prodigio proveniente de esta divinidad, manaba el vino que, aunado a la música y la danza, provocaba una profunda excitación que anunciaba la demencia y la locura de todos los participantes. Dionisio trae la muerte y la vida, el dolor y el placer, la *hybris y sophrosyne,* todo esto se entrelaza permanentemente en el festín dionisiaco.

Semejante a otros personajes mitológicos, Dionisio presenta también muchos puntos en común con los locos: confirma su diferencia a través de conductas autodestructivas, sobresaliendo en sus arrebatos de éxtasis, en su valentía y sin arredrarse ante las dificultades; él y todos los héroes trágicos invadidos por el fuego de la ira matan a otros; son presa de las ilusiones y distorsiones de la realidad. Dionisio, igual que Héracles, Áyax y Belerofonte, experimentan una manifiesta necesidad de ser reconocidos por los dioses y por los humanos. El dios del vino fue conocido como dios de la *locura ritual y del éxtasis.* (Párrafo estructurado a partir del artículo de Laurence, 2008).

Los vocablos sobresalientes en las tragedias y cuyo significado no admite ambivalencia son: *"manía, locura o estar loco y delirar, así como furor y rabia.* Los dos primeros vocablos designan la locura y el hecho de estar loco en su acepción más amplia, aunque también más estricta; la tercera designa furor y rabia, implican *locura en sus manifestaciones más violentas,* a nivel exterior y corporal" (Gagliardi, 1999, p. 7).

PLATÓN Y LA LOCURA DIVINA

La ambigüedad de la noción de locura en la Grecia clásica es evidente en la tipificación de la *manía* que se inicia en el siglo V a.c., periodo en el que el mundo griego experimenta una profunda transformación cultural y filosófica. Se advierte que en lo relativo al término *manía* "no hay una concepción unívoca, sino que dicha "invención" adquiere paulatinamente dos facetas: enfermedad del alma, iluminación del espíritu y, más tarde, su ubicación en un contexto corporal. En el confín del alma se encuentra no sólo la irracionalidad, sino la locura, estado que representa en sentido metafórico, un puente entre la mente humana y el lenguaje divino, discurso representativo de la llamada locura divina.

> Muchos vocablos griegos de uso poético y filosófico, "permiten identificar y asociar los vínculos entre conductas bien identificadas entre la sociedad griega donde el entrelazamiento de manía, logos y mito llega a ser confuso, así como los límites entre normalidad y patología" (Guidorizzi, 2010, p. 17)

> La locura no se percibía por los griegos como un fenómeno individual sino como un suceso que, si bien se presentaba en el ámbito de la *polis* (ciudad) sólo se describía como *una aventura de la razón humana*" (Lannucci, A., 2010, p. 202)

Platón *dice* "...los antiguos que impusieron los nombres no consideraron ni mala ni bochornosa la locura. Consideraban como bella que viniera de los dioses" (*Fedro*, 244b) "Porque de lo contrario, ese bellísimo arte [...] no habría sido llamado locura". Puesto que los griegos apreciaban como "cosa bella que viniera de los dioses" (244 c) (Platón, *Diálogos*, p. 623-661).

> "La locura es un don divino, al menos cuando encaja en el contexto mencionado. Platón habla de la locura que no es regalo divino, sino algo muy terrenal que se apodera de los hombres como una ofuscación" (Földényi, 2008).

> "En efecto, frente a una locura humana, cuyas causas estarían dadas por trastornos funcionales, [*Por su physis como afirmó primero Alcmeón de*

Crotona y posteriormente Hipócrates y Aristóteles] habría una locura de origen divino la cual sería fuente de los mayores bienes para toda la humanidad" (Navarrete, 2005) [Itálicas entre corchetes del autor].

"Nuestras mayores bendiciones", indica Sócrates en el *Fedro*, "nos vienen por medio de la locura" [...] "Desde luego es una paradoja deliberada" [...] Sócrates "no sostiene la proposición general de que es mejor estar loco que cuerdo o enfermo que sano" [...] y complementa su decir agregando, "a menos que nos sea dada por un don divino" (Dodds, 1997, p. 71). Como bien se indica en muchas reflexiones sobre los diálogos platónicos, *furor divino* se entiende como una alienación que se manifiesta de dos maneras: "una proviene de enfermedades humanas, la otra de dios. A la primera, la llama locura, a la segunda, *furor divino*. En la enfermedad de la locura el hombre es arrastrado más allá de la figura humana, y el hombre se convierte casi en bestia. Dos son las clases de locura" (Ficino, 2001, p. 198).

Prosiguiendo con la disertación en el texto platónico en comento, Platón afirma que existen cuatro tipos de "*locura divina*", dones otorgados por los dioses a los hombres:

1. *La Locura profética* o profecía extática, cuyo dios es Apolo.

2. *La locura teléstica* o ritual, cuyo patrono es Dionisio.

3. *La locura poética*, inspirada por las Musas y,

4. *La locura erótica*, suscitada por Afrodita y Eros.

1. Locura profética o delirio mantico proviene de Apolo y en consecuencia tiene una connotación divina; se vincula con la profecía y predicción del porvenir; 2. La locura teléstica o inspiración mística corresponde a Dionisios, el dios del vino que con sus efectos conduce a estados de éxtasis, característicos de las danzas rituales; 3. El Delirio atribuido a la dádiva de las Musas, se relaciona con el poder de la palabra verdadera, referida a la

capacidad de relatar objetivamente los hechos de los dioses sin dejarse llevar por la invención; y 4. El delirio provocado por Afrodita y Eros. Este último quizá sea el delirio más conocido en la historia sobre la locura divina y el que ha suscitado un mayor número de estudios y reflexiones en distintos órdenes de expresión y conocimiento. Eros y Afrodita son la manifestación del amor divino por excelencia, quizá el tipo de locura más excelso de todos y el que mayores bienes produce en las almas, tanto de quien ama como en el ser amado.

Un elemento compartido en la descripción de los diferentes tipos de locura ya descritos, puede ser entendido como el antecedente de una posesión divina, en oposición directa a lo que en el Medievo será la posesión diabólica. De esta manera la posesión divina (*theia mania, el delirio divino*) y los estados frenéticos para las otras variantes de locura, constituían un estado en el que la profecía, el conocimiento del porvenir y los arrebatos de las danzas rituales, en la irracionalidad griega como la denomina Dodds, constituían los medios para acceder a otro tipo de conocimiento, a la verdad conseguida a través de estos estados.

En el *Fedro* es claramente perceptible que "la manía profética ocupa un primer plano, al punto que Platón atestigua que la naturaleza divina y decisiva de la 'manía' constituye el fundamento del culto délfico" [...] "la 'manía' se nos presenta como todavía más primordial, como fondo del fenómeno de la adivinación. La locura es la matriz de la sabiduría" (Colli, 2009).

En su libro *Los griegos y lo irracional*, Dodds (1997, p. 72) propone distinguir "locura 'divina' y locura ordinaria, que es consecuencia de la enfermedad. Esta distinción es más antigua que Platón [...] Por Herodoto sabemos que la locura de Cleomenes fue atribuida por sus propios compatriotas a sus excesos en la bebida". Lo más importante de esta revisión consiste en destacar que el sufrimiento humano en el contexto de la existencia propia debe ser razonada, debe dirigirse al conocimiento de la verdad para combatir la locura de la ignorancia.

Recordemos que el alma, de la manera en que la entiende Platón, es la que alienta al cuerpo y en ella hay tres partes: "la parte racional (*logos, logistikon*), —que se aloja en la cabeza, representa el conocimiento y las funciones intelectuales más elevadas— la irascible (*andreia* o valor), que encontramos en el pecho considerada como la parte afectiva y finalmente la apetitiva o *epithumetikon*, refleja los instintos y placeres carnales, la bestia salvaje. La parte superior (racional) estaría así en conflicto con la inferior (apetitiva), mientras que la intermedia (afectiva) puede alinearse indistintamente con una u otra. Es decir, la preponderancia de la razón declina según nos vamos moviendo desde la parte racional a la afectiva y de ésta a la apetitiva.

Tanto el alma divina como la humana son complejas, se asemejan "a una fuerza que, como si hubiesen nacido juntas, lleva una yunta alada y a su auriga [...] Comprender el alma implicará conocer su papel en el cosmos como un todo, las que pierden las alas y caen a la tierra se encarnan en un cuerpo mortal" (Platón, *Fedro*, 246ª, 246b) (1984). Emparentadas con la locura, la parte apetitiva vinculada con las pasiones será un tema de gran relevancia en el pensamiento agustiniano y tomista en el contexto del pensamiento *patrístico* en la doctrina cristiana.

El término Psyché utilizado como sinónimo de Eros tiene como acepciones los vocablos *alma, soplo, aliento y espíritu*. En otros momentos el significado de psyché se refiere al yo viviente y más específicamente al yo apetitivo platónico. "Sea verdad o no, en boca de un ateniense ordinario del siglo V a.C., la palabra psyché tenía un ligero matiz de cosa extraña o sobrenatural" (Dodds, 1997, p. 136-137) Al exponer la esencia del alma dentro de un mito cuando ya se percibe un pasaje al logos, Platón se afana en transmitir su visión sobre las partes del alma, y a la vez develar la influencia de los dioses en el conocimiento de la verdad. "Así como distingue el amor en el Eros divino, el moderado, el desmesurado y desenfrenado; también plantea una diferenciación en el campo de la locura" (Földényi, 2008, p. 29).

MANIA EN LA TEORÍA HUMORAL

"En *Poética* (1455ª30-34) Aristóteles establece algunas razones de porqué 'el arte poético es una empresa más propia del individuo bien dotado que del maniaco'. El primero es sensible pero adaptable, el segundo excéntrico y desequilibrado, aunque los dos tipos existen sobre un *continuum*. Tanto el hábil como el maniaco tienen una constitución fisiológica dominada por la bilis negra, y ambos tienen una habilidad muy poco frecuente para concebir visualizaciones" (Simon, 1978, p. 180). El sujeto bien dotado correspondería a la descripción aristotélica constatada en el problema XXX: "todos los que han sobresalido en la filosofía, la política, la poesía o las artes son melancólicos". En *Poética* Aristóteles describe al *maniaco* como excéntrico y desequilibrado, pero al decir que ambos tienen una constitución fisiológica dominada por la bilis negra, pareciera significar que tanto el maniaco como el melancólico pueden ser afectados por un desequilibrio en la mezcla humoral.

Si la manía se entiende como un mero síntoma de la melancolía, observaremos que la evolución del pensamiento aristotélico e hipocrático le otorga un lugar especial. Hipócrates en su clasificación de enfermedades atribuye a la bilis negra ser la causante de la manía aunada al predominio e influencia de la flema que tiene su sede en el cerebro.

En las reflexiones sobre el régimen [*Sobre la dieta en las enfermedades agudas*] (Litré, 1840), Hipócrates expone sobriamente la forma en que se pueden distinguir dos formas primordiales de manía: La primera de ellas está representada por lo que denomina "manía del agua", causada por la parsimonia de los temores y lágrimas; y la segunda una "manía del fuego", ocasionada por la premura y el exceso de rapidez. La segunda forma es identificada como un hábito de fuego y exceso de velocidad.

En otro apartado del mismo texto retoma la noción de manía refiriendo que el desconocimiento de la gama de manifestaciones que tiene esta afección puede "ser evitado si hasta cierto punto se corrige la naturaleza" [*physis*], pero considerando que el contenido del texto versa sobre el *régimen*, deslinda que tenga un efecto terapéutico pues "la alimentación no podría controlar nada respecto a la irascibilidad, la calma, la astucia, la benevolencia y la maldad". *En síntesis, el médico no tiene nada que hacer cuando se trata de cuestiones morales* (Quétel, 2009, p. 38). (Establecimiento de texto, traducción e itálicas por el autor).

Asclepiades de Bitinia (opositor abierto de la teoría humoral) e Hipócrates, consideraban que la manía era sólo un síntoma de una afección del alma con manifestaciones corporales, pero el pensamiento helénico de la época se encontraba en plena evolución y de manera constante se realizaron aportes y modificaciones continuas sobre el significado y manifestaciones propias de este padecimiento. En el primer siglo d.C. Asclepiades de Bitinia, quizá, "el más importante de los médicos pertenecientes a la escuela metodista; fue el primer médico en realizar una definición de la locura en latín: "*alienatis est passio in sensibus*" (la alienación es la pasión de los sentidos) (Sauret, 2002, p. 55-56); Celso, por su parte, emplea el término de *alienatio mentis*.

Asclepiades y Celso emplearon estas frases por primera vez para describir tres categorías clínicas: frenitis, manía (furor o insania) y melancolía. Estos dos médicos ejemplifican el conocimiento ecléctico y su proximidad con los tratados y adendos que se asignarán a la manía. Asclepiades también distingue el delirio y alucinaciones precisando sus características y diferenciado de ellas a las ilusiones. Para él, la inactividad de los sentidos forja un espíritu que crea los fantasmas que acosan a las personas que, privadas de sus medios naturales de control, confunden sus sueños con la realidad.

A Hipócrates se le reconoce haber puesto límites a la concepción que atribuía la aparición de las enfermedades a un pensamiento de tipo mágico y religioso en el que confluían los planetas, las divinidades y los espíritus.

Es también ejemplo —digno de un análisis profundo por las implicaciones que conlleva tal afirmación— al sostener que existe un acuerdo implícito para aceptar que los padecimientos del alma corresponden a los filósofos y las dolencias y enfermedades del cuerpo al médico.

La emergencia de la visión médica sobre la manía quedó constatada en la teoría humoral reconociendo que, al igual que las otras enfermedades, corresponde al campo de un saber técnico (*tékhné iatriké o ars médica*) sustentado en el estudio racional de la naturaleza. Hipócrates y Galeno reconocieron el campo al cual pertenecía la manía, sin embargo, en lo que corresponde al tratamiento existe una importante laguna que no pasó desapercibida para Platón y Aristóteles. Esta cuestión será tratada más adelante.

La manía se considera generalmente como la "verdadera" locura; la locura clásica ya descrita desde los textos hipocráticos en lo que ella conlleva de exaltación y de furia. Con anterioridad también ya se había señalado su carácter cambiante a través de diversas denominaciones, entre ellas, "locura que dura largo tiempo y sin fiebre (Areteo, 1998). *Furor sive insania quam graeci maniam vocant* [Furor o insania que los griegos llaman manía], Celio Aureliano. Agregamos también otras denominaciones en función de esa cualidad no bien definida: pasión, arrebato, extravagancia, estrafalario, incongruente, excéntrico, etc.

Celio Aureliano nos ha dejado una descripción muy completa de la manía:

"La manía se observa particularmente en los jóvenes y en los hombres de edad media, raramente en los ancianos, y más raramente en los jóvenes y en las mujeres (…) En ocasiones se presenta de manera brutal y en otras se instala gradualmente, a veces las causas no son manifiestas y en otras son más evidentes (…) Mientras que la enfermedad se incuba, presenta algunas semejanzas con la epilepsia, pero cuando la enfermedad se hace visible, cuando es aparente, hay alienación del espíritu sin fiebre. En efecto, cuando la enfermedad se apodera del espíritu, se manifiesta con cólera, con alegría, con tristeza y por insignificancias o como ciertas personas le llaman, por temores infundados: algunos le temen a las grutas, otros más tienen miedo de caer en precipicios u otras situaciones semejantes. La locura, o si se prefiere la manía, a veces es constante, en ocasiones con intervalos de remisión; provoca que en la enfermedad se olvide lo que se ha hecho y al mismo tiempo no tiene conciencia de esos olvidos (…) En la mayor parte de estos enfermos, en el momento de la crisis, los ojos se inyectan de sangre y la mirada es intensa. Se presenta también insomnio continuo, las vasos sanguíneos dilatados y las mejillas rojas, el cuerpo tenso; la fuerza del enfermo no es la misma que de costumbre" (Collé; Quétel, 1994, p. 17).

En el *corpus hipoccraticum* el término manía aparece escasamente y la correspondencia con las perturbaciones que podrían caracterizarla se atribuyen a padecimientos diversos como puede observarse en el Aforismo 5° de la sección séptima de los *Aforismos* al citar al sueño "como sedativo arcano, del furor y la manía. Por éxtasis también debe entenderse una continua taciturnidad, al modo del que un abstraído medita" (Casal y Aguado, 1818 p, 188-189). Se trata de una enunciación comparativa puesto que en diferentes acepciones manía significa locura y en otras más, el término *ekstasis* corresponde a un estado "como cuando la persona está fuera de sí". La Manía en este tiempo ya se identificaba como perteneciente a un término médico; por el contrario, *ékstasis* se refería a una acción descriptiva y al mismo tiempo a un síntoma tal como lo entendemos en la actualidad.

Interesante resulta notar que en diversos textos los términos melancolía y manía se utilizan de manera indistinta para describir un mismo caso; por ejemplo, en los ya citados casos de Áyax y Heracles quienes en un *"acceso de locura"* se encontraban "fuera de sí" y dieron fin a su vida. En un estilo semejante al de Aristóteles, Hipócrates coincide que en estos casos se altera la realidad externa y se crea otra realidad.

A Galeno se le atribuye un buen número de obras, algunas de autoría dudosa como solía acontecer y otras de atribución segura. Fiel seguidor del pensamiento hipocrático formuló que:

1. Los estados melancólicos asociados con miedo y tristeza serían causados por la bilis negra natural.

2. Los estados melancólicos asociados con violencia, serían causados por la bilis negra no natural o adusta, producida por la combustión de la bilis amarilla. Este planteamiento distinguía al menos dos entidades con manifestaciones clínicas diferentes:

    a) Manía y melancolía como enfermedades de causas diferentes y

    b) Melancolía y melancolía adusta como diferenciación gradual de una misma enfermedad.

En el tratado *Definitiones Medicae* atribuido a Galeno, Van Der Eijk (1999, p. 29-30) define la manía "como el colmo del extravío del pensamiento". La interpretación de esta frase indica que el estado extremo de la manía corresponde precisamente a lo que se conoce como locura y no sería aventurado decir que de la misma manera los arrebatos melancólicos forman parte de la expresión "estar fuera de sí mismos". Esta frase se entiende de manera diferente desde la postura psicoanalítica en la que se le atribuye un sentido y significado diferentes. En el sentido estricto en que se ha planteado la evolución y uso de este vocablo, nos adherimos a los planteamientos primigenios de este trabajo de la manera en que lo expresa Pigeaud (1981, p. 40-41), "se nos citan los *manikoi*, las enfermedades maniacas o de entusiasmo, las personas *manikai* y bien dotadas [...] traducimos *manía* por manía, término consagrado por la tradición médica, cuando se trata de un concepto médico definido [...] y parece ser que *ekstasis* es lo que designa a la locura, al tiempo que el empleo de los adjetivos *manikos* o *ekstatikos* resulta equivalente".

Independientemente de la descripción de frenitis, Celso afirma "la existencia de varias clases de manía, ya que entre las personas locas las hay melancólicas, o divertidas y alegres". "Uno de estos tipos de locura es la depresión, *tristitia*, causada directamente por la bilis negra, cuyo tratamiento llega a ser, en ocasiones verdaderamente brutal" (López, 2007).

Sorano de Éfeso (100 d.C.) En su *Tratado sobre las enfermedades agudas y crónicas*, dedica un capítulo a la manía, locura o furor, definiéndola como "un trastorno del entendimiento sin fiebre [...] se trata de un padecimiento que involucra al espíritu y se acompaña de fiebre aguda, movimientos de las manos sin propósito alguno, y pulso pequeño y pleno [...] Estima que no hay signo único y específico, pero que, por una combinación de síntomas puede preverse que la enfermedad es inminente y seria [...] Por otra parte rechaza la división de la frenitis en 'triste' y 'alegre'" (Ackerknecht, 1968, p. 25-26)

Melancolía y manía tienen en su recorrido histórico acercamientos y rupturas; en ocasiones la primera de ellas se asocia con las formas delirantes de la manía sin que haya llegado a considerarse como uno mismo. En todo caso puede pensarse que algunos casos de melancolía se acompañan de delirio si se considera que existe una alteración del juicio debido al pesimismo, pero justamente el pesimismo y la desesperanza son los síntomas que simulan un "falso delirio" que terminará por desaparecer al identificar la causa. De ejemplos como este hay una gran cantidad y diversidad en la historia de la medicina. El término "melancolía delirante" está reservado para aquellos casos en que el delirio es manifiesto, imponiéndose a la tristeza e inhibición. A su vez, la angustia, que hasta ahora pareciera ser una afección independiente, forma parte del cortejo melancólico conjuntamente con la tristeza y la apatía.

A diferencia de lo que se pensó en siglos anteriores, ahora se afirma que el cerebro es la sede de la alegría, de la risa, así como del dolor, las lágrimas y la tristeza; se especula que la manía tiene su sede en la mente, en la *psyché* y que sus manifestaciones sintomáticas están ocasionadas por un exceso de humedad. Los médicos que se adhieren a la doctrina hipocrática retoman el planteamiento de Alcmeón de Crotona reconociendo la *psyché* como parte integral del cuerpo y paulatinamente identifican y le asignan funciones y facultades propias.

> "Si Hipócrates de Cos es la gran estrella inicial de la medicina antigua, en Galeno tiene ésta su gran estrella final; no solo por la originalidad e importancia de su obra personal en todos los campos del saber médico [...] también porque en sus escritos hace suya o expone críticamente casi toda la medicina griega, desde Hipócrates al que Galeno veneraba, hasta la segunda mitad del siglo II, y porque sabe recoger y utilizar la lección filosófica de Platón, Aristóteles y los estoicos" (Laín Entralgo, 1978, p. 64-65).

Coloquialmente se dice de una persona que tiene una enfermedad del alma para indicar con ello un estado de tristeza, de añoranza, sentimientos de tedio por la vida o más grave todavía, como una conducta inestable ante eventos poco significativos de la vida cotidiana. Es precisamente en estos casos cuando se dice que un hombre tiene alteraciones emocionales y fundamentalmente cuando se deja entrever el extremo oculto, acechante y desesperanzador de la melancolía y el extremo excéntrico e incomprensible de la manía. Es probable que ambas denominaciones sean resultado de una alteración física y de un estado emocional incomprensible para quienes lo padecen.

Interesante resulta destacar que en el tratamiento de las alteraciones del alma en sus manifestaciones emocionales, Hipócrates no consideró que fuese responsabilidad del médico impartir el tratamiento, y menos aún en casos de manía. Describió la manía como un exceso de pasión y olvido de los valores morales prevalentes. Cuando afirma que lo que le acontece al alma es quehacer del filósofo, no aprueba y limita que el médico se interese por la filosofía, de modo que sea el filósofo quien se encargue del tratamiento del alma. En este contexto, la figura del filósofo se identifica como el antecesor más próximo de quienes más tarde se ocuparán de practicar la psicología, la psicoterapia y el psicoanálisis.

A esta máxima hipocrática ¿puede atribuirse la "separación" de facultades que se adjudican a cada una de estas posturas teóricas de tratamiento? El comentario parece tener prevalencia en la actualidad en tanto que el advenimiento de la psiquiatría, parece sostener y dar vigencia a lo que acontece al cuerpo. Aunque la psique sea su ámbito de acción, sólo parece enfocarse en las causas y manifestaciones de lo que como mera ocurrencia puede llamar *psique biológica*. ¿El psiquiatra está predestinado hipocráticamente sólo a prescribir fármacos? O bien, ¿puede ampliar su ámbito de acción para convertirse también en *filósofo* sanador de almas?

TRATAMIENTO DE MELANCOLÍA Y MANÍA EN LA ANTIGÜEDAD CLÁSICA

En lo que concierne al tratamiento de los enfermos mentales hasta este tiempo, no existe una información precisa. Se conoce que los médicos se hacían cargo de los enfermos mentales prescribiendo los fármacos disponibles para esos casos, promoviendo también la idea de que existiera una familia o un medio ambiente que los acogiera y los asistieran en las necesidades de su enfermedad. Desde la antigüedad ya existían numerosas técnicas terapéuticas, todas ellas acordes con la praxis médica de la época, pero ¿cuáles eran los métodos terapéuticos?

De entrada se puede decir que era de tipo alopático. El eléboro era el más potente, aunque también el más peligroso. El arsenal terapéutico para la locura se corresponde con el de otras enfermedades, puesto que también se trata de un "desarreglo humoral" que debía ser restablecido a un estado de mezcla armónica. Aunados a esta planta, se describe también el uso de la mandrágora como purgante y vomitivo, la rawolfia serpentina para el tratamiento de casos agudos o de larga duración y, por supuesto, el opio, fármaco imprescindible para promover el sueño y contrarrestar la melancolía. Lejos de ser una droga inofensiva, el eléboro provoca vómitos violentos frecuentemente acompañados de vértigos y desmayos. Herófilo, perteneciente a la familia de los asclepiades comenta que "el eléboro es un capitán valiente", pero Aulo Gelio, erudito latino agrega, "ciertamente es necesario extraer el principio de las enfermedades, pero [el eléboro] bien podría extraer también el principio de la vida" (Quétel, 2012, p. 44).

También había disponibilidad de una interesante gama de recomendaciones que, aún siguen vigentes como medidas terapéuticas afectivas; cito, por ejemplo, los baños tranquilizantes prescritos con regularidad, el reposo, la aplicación de ceras y aceites para unciones corporales, la música, aplicación de esponjas calientes sobre los ojos, la escucha y el diálogo, por mencionar los más frecuentes. Conjuntamente con estas medidas se agregan tónicos, estimulantes y regímenes alimentarios variados incluyendo la ingesta de vino, en ocasiones hasta llegar a la ebriedad para combatir los estados de inquietud (angustia) o de excitación.

Los seguidores de Hipócrates afirmaban que si se requiere tratar al cuerpo, entonces también es necesario tratar el alma que igualmente se encuentra aquejada. Como parte de un tratamiento más amplio se recomienda distraer a estas personas para disipar las ideas fijas e igualmente benéfico es el ejercicio activo y ejercicios más suaves, pues "los movimientos proceden del exterior". Celio Aureliano llamó *gestatio* al acto de mecer a los enfermos del modo en que se mece a un niño en la cuna; recomendaba el uso de hamacas que con un pequeño empuje promueven un ligero balanceo generador de placidez y retorno del sueño; también se recomiendan los viajes, el teatro, actividad de gran importancia para griegos y romanos. En estos casos, las representaciones debían ser divertidas si el estado de ánimo era triste y, a la inversa, obras con matices tristes en casos de alegría inapropiada, para contrarrestar y corregir los estados de ánimo por sus contrarios.

En pleno desacuerdo con Celso, quien en su obra *De medicina*, prescribe el uso de la reprimenda, el ayuno, las cadenas y el látigo, Celio Aureliano se opone a este tipo de tratamiento. Critica severamente las ataduras que hacen sangrar, las cadenas, el látigo, la oscuridad, las sangrías excesivas y recomienda el uso de la amapola para promover un sueño profundo. Celio condena también el uso del vino, la música y el amor, puesto que no existen remedios para tratar los excesos que a menudo son causa de la manía. Sin descuidar los tratamientos alopáticos, desarrolla y prescribe —lo que los padres fundadores de la psiquiatría descubrieron a finales del siglo XVIII con el llamado "tratamiento moral", atribuido a Philippe Pinel— que conjuntamente a los remedios prescritos para alivio del cuerpo, se agregue el correspondiente al alma a través del diálogo, la lectura, la música y el teatro, así como baños relajantes, unciones de aceites aromáticos e incluso esponjas calientes sobre los párpados. Estas recomendaciones se pueden calificar como terapias a través de la palabra y terapias de apoyo.

En lo concerniente al uso de la palabra —recordemos que, en griego, *logos* significa tanto razón como palabra— Celio destaca la importancia que tiene el hecho de razonar con el loco sin contrariarlo ni ser muy complaciente, por el contrario; hay que permitir que hable de lo que pasa, permitir que la *psykhé*, —entendida como "soplo de vida" característico del ser humano— dé cabida a la noción de que el acto de respirar es fundamental para que el pensamiento se exprese a través de la palabra. En su recorrido histórico, la palabra también será llevada al extremo en lo que se conoce como *logos cristiano*. La conexión entre vida y palabra utilizada en todas las formas de terapia de la época, permite comprender y corroborar el poder y efectos de la palabra. La fuerza de las expresiones verbales adquiere connotaciones particulares en distintos momentos históricos del tratamiento de las afecciones del alma.

Sin negar el principio facultativo en la relación médico-paciente, ni la necesidad de contención, Celio, con el fin de "sacudir" la locura recomienda: ni ayuno absoluto, ni ebriedad, ni látigo como lo recomienda Celso; también se muestra en contra de la idea en boga de curar una pasión con otra pasión —o como se dice hoy en día, *sacar un clavo con otro clavo*— "sobre todo, cuando se trata del amor, que es en sí una forma de locura". Celio Aureliano sigue fielmente los preceptos que instauró Esculapio sobre *El Deber del Médico* que: "consiste en curar de forma segura, pronta y agradable" [atenta y amable]. Celso por su parte escribe: "Sería necesario que eso se pudiera hacer así, pero casi siempre hay demasiada presión para atender con rapidez y delicadeza a los enfermos" (Pigeaud, 1996 p. 268-269).

Para dar continuidad a este apartado que pretende aportar información sobre las alternativas terapéuticas disponibles hasta el momento de este recorrido, considero pertinente destacar los efectos e importancia del lugar que ocupa la palabra en la Grecia clásica, que de manera semejante a lo que acontece con la manía, melancolía y locura, se describe a partir de una misma fuente de inicio: la mitología griega representada por los dos poemas homéricos de la Ilíada y la Odisea. Una lectura atenta y reflexiva de estas dos obras posibilita identificar pasajes que destacan los beneficios obtenidos a través de la comunicación verbal. El uso de la palabra con un objetivo terapéutico adoptó tres formas distintas: "una imperativa, otra mágica y otra psicológica o natural. La palabra imperativa es la «plegaria» *(eukhé);* la palabra mágica es el «ensalmo» (*epóde*); *y* la palabra de intención psicológica es el decir «placentero» (*terpnós, lógos)"* (Laín Entralgo, 1958, p. 44).

La psicoterapia verbal apareció como *epodé* de intención psicológica, como «ensalmo» que cura por su acción natural que se dirige a la persona sufriente, que teje un vínculo entre el que habla y el que escucha, y que sirve para el tratamiento del cuerpo y del alma, «El alma se trata [...] con ciertos ensalmos». La palabra del ensalmo ha de ser «bella» (*logos kalós*) para ser terapéutica (Fraguas, 2007, p. 178).

"Platón llama *Kátharsis,* 'purificación del alma', a la adecuada reordenación verbal de las creencias, los saberes, los sentimientos y los apetitos que dan contenido al *alma* del hombre [...] 'purificación por la palabra', dirá más tarde un neoplatónico" (Laín Entralgo, 1958, p. 192).

Estos propósitos dan lugar al menos a tres conclusiones provisionales:

1. El médico hipocrático no desconoció la importancia de una psicoterapia general o básica en el tratamiento de los enfermos.

2. El médico hipocrático conoció la eficacia de la vida psíquica y supo utilizarla terapéuticamente.

3. El médico hipocrático supo emplear la palabra sugestiva como agente psicoterapéutico" (Laín Entralgo, 1958, p. 228-229).

Las repercusiones que las epopeyas homéricas generaron en torno a la melancolía, manía y locura esbozan un trayecto evolutivo que evidencia el desarrollo de un conjunto de reflexiones, significados e importantes conceptualizaciones que ilustran los distintos momentos del paulatino progreso de estas tres entidades que, si bien, parecen iniciarse con los poemas homéricos, el avance y desarrollo de su paulatina diferenciación como estados diferenciados, tuvieron también tropiezos que podrían ser calificados como burdos o poco importantes para los médicos hipocráticos, en tanto que las concepciones platónicas y aristotélicas sobre el impacto terapéutico que podía tener el logos, la palabra, la verdad en el diagnóstico y evolución de estas enfermedades tomaron rutas distintas.

SÍNTESIS DEL PERIODO GRECORROMANO

Resulta contraproducente identificar y equiparar las descripciones sobre melancolía, manía y locura con las *matrices clasificatorias modernas*, pues con mucha frecuencia se analizan textos antiguos sin considerar el tiempo en que fueron escritos tratando de mantener vigentes los conceptos helenistas, dejando de lado los momentos epistemológicos que, de manera puntual, marcan un antes y después que hay que considerar de manera cautelosa. Este acto conlleva un proceso de amplio conocimiento del pensamiento griego en general y de las aportaciones de la medicina china, hindú, hebrea y japonesa por considerar las más sobresalientes. En este sentido, cada uno de los conocimientos disponibles en cada época no queda aislado en una especie de conocimiento geográfico sino que al igual que aconteció con la historia, viajó hacia nuevos continentes, difundió su contenido y validez en territorios distantes que aún pueden ser apreciados en nuestra época.

Lo que marca la tradición hipocrática de la antigüedad grecorromana, será la concepción de enfermedades del cuerpo y alma; la consideración de la melancolía como resultado de la naturaleza de cada individuo y su asiento en el cerebro, así como el importante pasaje del *mythos* al *logos*. Esta reorientación de la medicina es resultado de la postura de las escuelas filosóficas que surgen como reacción a las ideas platónicas erigiéndose como la base y tema central de las disquisiciones medievales sobre conceptos como "enfermedad", "desviación", "posesión demoniaca" y "posición ética" que abordaremos más adelante. La clínica de la melancolía y de la manía es polimorfa. Hipócrates no precisa si existe un lazo causal entre el humor en juego y los sentimientos; por otra parte, se produce un desprendimiento del saber filosófico, que más tarde pasará al orden de la observación clínica.

La melancolía es, por sí misma, una entidad que demanda atención de los médicos de la antigüedad en torno a su conceptualización y comprensión de la sintomatología que le es propia, de la misma manera en lo que se refiere a la manía y la llamada locura, Entre los médicos que dedican buena parte a su estudio y tratamiento destacan: Areteo de Capadocia, Rufo de Éfeso y Sorano de Éfeso en el primer siglo d.C; más adelante Galeno en el siglo II y Celio Aureliano, probablemente en el siglo V d.C. Las definiciones que realizaron permanecieron prácticamente sin cambio hasta el tiempo en que Pinel elabora su propia nosografía al fin del siglo XVIII. En lo que concierne a la descripción sintomatológica destacan las de Areteo de Capadocia, Celio Aureliano y Celso, quien fundamentalmente compila la información médica disponible.

Durante este periodo, el más importante de la antigüedad clásica, tuvieron lugar cambios y concepciones teóricas relevantes en el campo de la medicina; la melancolía y manía ocupan un lugar semejante al de la enfermedad sagrada y la frenitis. Prevalece la concepción aristotélica e hipocrática de la melancolía, ahora con un estatuto de enfermedad. No se encuentra una especificidad categórica de "enfermedades del alma". Se reconoce la existencia de locura asimilada a la noción de manía. La relación entre filosofía y medicina se distancia en lo que concierne al tema terapéutico de lo que le acontece al alma, puesto que el continuo desarrollo filosófico tendrá un enorme impacto en la época medieval. La medicina y filosofía tendrán encuentros y separaciones importantes a lo largo del tiempo hasta el tiempo en que lleguen a considerarse disciplinas con intereses diferentes.

MELANCOLÍA Y MANÍA EN LA *ANTIGÜEDAD* GRECOLATINA

1. No existe una delimitación clara entre estas dos entidades

2. Cuerpo y alma se fusionan en la teoría y praxis médica

3. La alteración humoral se debe a la *physis o* "naturaleza" individual

4. Manía y melancolía son entidades multiformes y difíciles de captar

5. Lo sombrío y lo trágico se conjuga con la alegría y extravagancia

6. Se identifica una causa física en las enfermedades

7. Melancolía y manía se diferencian de la frenitis.

MELANCOLÍA Y MANÍA EN EL MEDIEVO

La época a la que comúnmente nos referimos como medieval no tiene una fecha de inicio definida. Muchos historiadores dicen que principia con la muerte de Galeno en el año 200/216 d.C. y que termina en la fecha en que se publica el trabajo de Vesalio, *De Corporis Humani Fabrica* en 1593, texto que podría considerarse como el primer tratado de anatomía y de ahí su importancia como referencia histórica. Otros investigadores llaman Edad Media al periodo que va desde la caída del Imperio romano en el siglo V hasta la toma de Constantinopla por los turcos en el año de 1543. Las consecuencias de estos indicadores históricos son varias: Europa en guerra, la islamización del oriente europeo y el interés cristiano por la medicina a través de la caridad como expresión del amor a Dios y al prójimo, son sólo algunos de los eventos que tendrán un importante impacto en la conceptualización y percepción social de la manía, melancolía, locura y medicina en general.

La muerte de Galeno simboliza el declive inicial del auge que tuvo la medicina grecorromana aunada a la caída del Imperio romano. Exceptuando personajes como Celio Aureliano, pocas fueron las figuras relevantes previas al inicio de la medicina bizantina. Se puede afirmar que melancolía, manía y locura, experimentaron también un declive importante. De manera simbólica se consigna que al morir Galeno, muere también la capacidad creadora de la medicina griega y romana. Ante este sombrío panorama, la edad media se percibe como una época plena de incertidumbres. La medicina y el avance cultural se mantuvieron casi totalmente bajo la influencia de la patología humoral, de la astrología y de la creciente influencia cristiana.

LA MEDICINA PATRÍSTICA Y ESCOLÁSTICA

En la edad media el pensamiento cristiano se divide en dos corrientes, la patrística y la escolástica. La patrística corresponde a la llamada alta edad media; tiene como representante sobresaliente a San Agustín, teólogo y filósofo seguidor del pensamiento platónico; su filosofía tuvo importantes repercusiones en el pensamiento médico cristiano y en la importancia que otorga al razonamiento como medio indispensable para alcanzar la felicidad del alma entendida como verdad última.

Santo Tomas de Aquino vive en el periodo correspondiente a la baja edad media que va del siglo XI al XV. A su vez pertenece a la corriente escolástica. Tomás es un fiel seguidor del pensamiento aristotélico. El retorno de la noción de alma y psique marcará una línea divisoria entre "los trastornos del humor" y las "pasiones del alma", representando un pilar fundamental sobre el que se edifique toda discusión posterior y contemporánea sobre los afectos. El pensamiento de Santo Tomás y sus planteamientos sobre las pasiones serán enunciadas con posteridad, al inicio del llamado periodo escolástico que muchos estudios ubican con la época de Alberto Magno (1193-1206) quien por cierto fungió como preceptor de Santo Tomás.

Ambos teólogos y filósofos cristianos, marcarán la Edad Media desde dos lugares diferentes. El tiempo conocido como "Periodo patrístico" se inicia en el año 325 y se extiende hasta el siglo VIII y lo encabezan principalmente los padres apostólicos o primeros escritores eclesiásticos encabezados por San Agustín (354-430). San Agustín no estaba interesado en la medicina y menos aún en los trastornos emocionales, a pesar de ello, uno de sus escritos *Las Confesiones* (1984) que bien puede ser considerado como un autoanálisis, transmite una serie de observaciones y razonamientos sobre sus experiencias que, con posteridad, resultaron ser útiles en la comprensión de algunas conductas infantiles tales como: sentimientos de omnipotencia, ansiedad, envidia y agresividad ante la pérdida del seno nutricio, descritos siglos más tarde en los tratados de psicología infantil y en escritos psicoanalíticos. En este texto, Agustín —quien tal vez hubiese sido el primer psicólogo infantil— describe el dolor y la melancolía experimentada por la muerte de su madre, Mónica, adelantándose también varios siglos al planteamiento freudiano sobre *Duelo y Melancolía*, que versa sobre la pérdida de un ser amado.

Realizó un importante análisis sobre la época en la que vivió resumido en la expresión siguiente: "puesto que ni el pasado ni el futuro existen como experiencia, sólo existe el presente como una forma de experiencia interna". Refiriéndose a la memoria, planteó la certeza de los procesos inconcientes, preconscientes y asociativos. Para San Agustín, el hombre tiene dos componentes: alma y cuerpo. "Influenciado por la filosofía platónica acepta la división de la mente en tres categorías: razón, memoria y voluntad, y adopta también la opinión de Cicerón sobre la existencia de cuatro pasiones fundamentales: deseo, temor, alegría y tristeza, que podían ser moduladas por la razón (siempre y cuando muestren voluntad para llevarlo a cabo (Freedman, *et al.*, 1975).

La iglesia se erige como heredera de la cultura greco-romana, asimila el conocimiento antiguo, mantiene la estabilidad de los preceptos médicos y rechaza los castigos de los enfermos mentales; apuntala toda esta herencia en la perspectiva doctrinal encabezada por Cristo, de modo que el cuidado, y en su caso la curación de los enfermos se entiende como una forma de caridad con el prójimo a quien se debe auxiliar, no sólo en este estado, sino en situaciones que requieren de una actitud de amor y atención, y que, al mismo tiempo, desde una perspectiva comunitaria, encomienda su cuidado a la familia y a la sociedad, promoviendo lugares en donde se acoge y atiende a los enfermos.

Paulatinamente el cristianismo se establece e impone como una fuerza de matiz no sólo espiritual, sino que hace suya la herencia *thekné* hipocrática y galénica para preconizar que tiene la capacidad de auxiliar al hombre en su totalidad, sea en el carácter filantrópico de los griegos o mandato caritativo cristiano. Incluye también *ágape griego* o amor al prójimo como parte de un cuidado integral del componente físico y espiritual del enfermo. La figura de Jesucristo como sanador se hace patente como causa de enfermedad así como en los milagros de curación tal como lo ilustran los evangelios.

Entre las diferentes atribuciones y significados asociados a la palabra *Cristo*, "la metáfora del Buen Pastor, la metáfora guerrera de Cristo resucitado, o la metáfora jurídica del Cristo redentor; la del Cristo médico es sin duda la más adecuada para comprender su obra salvadora [...] el nombre de Jesús conlleva en sí mismo esta expresión pues en hebreo significa salvador y en griego médico; de ahí que se llame médico de cuerpos, de almas y terapeuta del espíritu. Los representantes de la iglesia cristiana lo comprenden rápidamente y de inmediato asocian la figura de Cristo médico a la de Cristo Salvador" (Vanner, 2005, p. 525).

Los padres de la iglesia comparan los efectos de la eucaristía como un nuevo *pharmakon* con propiedades semejantes a las pócimas y remedios de los médicos helénicos y romanos. En el contexto de esta alegoría se identifica un paralelismo entre el pecado como una falta y el castigo impuesto por una divinidad a la que se ha ofendido. Las pasiones del alma señalan una impropia inclinación al pecado y un factor predisponente para todo tipo de enfermedad. En el devenir del tiempo, "La interpretación demonopática es aceptada pero las prácticas mágicas son condenables; es por ello, que no es sino hasta el siglo XV cuando ciertos cuadros patológicos implicarán la idea de complicidad con el diablo y consecuentemente ameritan ser sancionadas" (Pélicier, 1971, p. 24).

LA ACEDIA: EL PECADO DEL MEDIODÍA

En el transcurso de la baja edad media al alto Medievo, el creciente auge del cristianismo converge con la expansión de una variante de experiencia religiosa: la vida monacal. La emergencia de los monasterios funcionó en su inicio como refugio ante la persecución religiosa y también como un espacio dentro del cual los monjes que los habitaban, se dedicaron a transcribir y traducir y compilar textos antiguos. Durante el siglo III, los padres de la iglesia empiezan a comentar un fenómeno espiritual que se presenta en algunos monjes confinados en monasterios y en los monjes que han escogido una vida de ermitaños en lugares distantes, áridos o comarcas desérticas. Están aquejados por la acedia.

El término latino Acedia, o Acidia, es transliteración de *Akèdia*, palabra griega que significaba distracción, embotamiento, literalmente un estado de no importarle a uno nada, indiferencia, negligencia y descuido de la propia persona (Gäelle, 2006) Esta noción se aplicó a un buen número de monjes que eligieron vivir en el desierto o en soledad para obtener una profunda experiencia para alcanzar el ideal de perfección espiritual. En el transcurso de su retiro de la vida monacal, estos "monjes del desierto", tuvieron que contender con "un malestar que les provocó incomodidad, inquietud, tristeza, fatiga y cansancio. Un síndrome de ansiedad y depresión que podría tomar varias formas como irritación con sus correligionarios, falta de concentración en la lectura o en sus oraciones, hambre, sueño y un deseo incontrolable de estar en otro lugar" (Casagrande, 2004, p. 1). A todas estas referencias y para percibir la complejidad del "pecado de acedia", conviene agregar otras denominaciones como: tentación del diablo, brutalidad, pena, *taedium vitae*, desesperación, odio, asco, postración, desobediencia y desacato a la autoridad e incluso anorexia. He aquí el gran número de consideraciones sobre este tema que perduró a lo largo de toda la edad media.

"La acedia ataca al monje en el momento más caluroso del día, al mediodía, cuando el sol pareciera haber detenido su curso. El calor permanente indica al monje lo largo que será su combate y lo empuja, entonces, a abandonar la lucha y huir del estadio. La designación de este momento particular del día para que ocurra el ataque de la acedia dará pie a la aparición del demonio meridiano que, con el tiempo, se convertirá en una de las figuraciones más representativas y habituales del mal de la acedia" (Peretó, 2010).

La falta de interés y abandono de los deberes que les fueron impuestos a estos monjes constituyen ya un pecado debido al disgusto, indiferencia y apatía por el esfuerzo físico y espiritual, puesto que, afecta tan profundamente el alma de quien la padece, que el alma misma se llena de tristeza y melancolía. "La acedia se relaciona con una elección equivocada: el mundo en vez de Dios. El acento se pone en lo pecaminoso y el concepto destaca una culpa insoportable frente al único deber del cristiano: amor de Dios, y dejarse amar por Él. La resistencia a este deber fundamental engendra el pecado de la acedia" (Peretó, 2011). La acedia era una palabra intercambiable con la pereza que perduró durante largo tiempo y debido a su raigambre cristiana aún persiste como uno de los pecados capitales.

"Algunos autores modernos interpretan el término con lo que hoy se llama estado depresivo, o como sinónimo de melancolía. Otros lo entienden como una estado de pereza y negligencia. Este estado no implicaba sólo aflicción y tristeza, aunque estuviera asociado a la *tristitia* (tristeza, aflicción, pesar). Asociados a la acedia se describieron casos de desperatio (desesperación) y a finales de la Edad Media intermitentemente se la asocia con la *melancholia*" (Jackson, 1989, p. 67-68).

En este periodo la melancolía aparece "desplazada", debido a que en su origen se vincula con una falta, un pecado cometido contra Dios. La melancolía en este tiempo se ubica en el ámbito de la medicina humoral, en tanto que la acedia parece corresponder a un suceso que ocurre en el seno de la iglesia. Bien entendido, la sintomatología es semejante en ambos casos, pero su origen y consecuencias parecen "diferenciarlas".

"En las etapas tardías de la Edad Media, el término comenzó a identificarse como letargo, sea como repugnancia al trabajo o la búsqueda espiritual. Durante el Renacimiento prácticamente desaparece dando lugar a la emergencia de la melancolía, sea como enfermedad somática debida a un desequilibrio de los humores, y no se debe a un vicio o pensamiento demoniaco" (Gäelle, 2007, p. 199).

LAS MIGRACIONES DEL SABER: LA MEDICINA BIZANTINA

Entre la Baja y Alta Edad Media, los centros del saber médico migraron geográfica e ideológicamente en la dirección que señalan los avatares políticos, militares y económicos. De Alejandría llegan a Roma; de Roma a Bizancio, posteriormente a la España árabe y finalmente a Salerno. El recorrido médico iniciado durante el ocaso del imperio romano y el nacimiento de Bizancio, coincide con el paulatino arraigo del cristianismo en el siglo III. El cuidado de la salud mantiene la práctica hipocrática y galénica para la población con más recursos económicos y la otra, con matices mágicos religiosos se destina a los pobres y la clase media.

Bizancio —una colonia griega en la antigüedad— fue conocida como "la ciudad de las mil cúpulas" bajo el mando del emperador Constantino quien le cambió el nombre a Constantinopla. Seguidor de la cultura grecolatina, y acentuadamente cristiano, asimiló la medicina monástica con el conocimiento de la medicina árabe. Superó las culturas anteriores en suntuosidad y refinamiento del arte decorativo en las ceremonias religiosas. Tuvo gran influencia del siglo V d.C. hasta la toma de Constantinopla por los turcos en 1453.

La medicina bizantina se apoyó en las compilaciones médicas que atesoraban los monasterios mientras los eruditos no dejaron de estudiar, copiar y traducir los clásicos griegos. Fue un imperio donde la medicina adquirió un valor profundamente cristiano. Si bien, hubo una transferencia del conocimiento, la práctica médica estuvo guiada por el legado galénico y por la necesidad de dar respuesta a "la vaga pero extensa necesidad de una fe capaz de otorgar sentido a la vida del alma de tantos hombres a quienes no bastaban las creencias antiguas". (Laín Entralgo, 1978, p. 147).

Galeno le debe a Rufo de Éfeso al menos un agradecimiento por la descripción de varios delirios melancólicos entre otras cosas. Uno de tales delirios es propio de quienes se describen a sí mismos como una olla de barro; otro más dice no tener cabeza. Rufo también tuvo gran influencia en la medicina árabe. En la edad media, Rufo es fuente de inspiración para Ishaq Ibn Imram, médico árabe que en el siglo X escribe el famoso tratado *De Melancholia,* fuente directa del posterior trabajo de Constantino "El Africano". Es muy probable también que la descripción galénica de tres tipos de melancolía provenga de Rufo:

1. La forma generalizada de melancolía debido a un gan contenido de bilis negra en la sangre.

2. La melancolía que solo afecta al cerebro.

3. La variante hipocondriaca de melancolía que incluye los órganos superiores del abdomen (Jackson, 1986); (Leibbrand and Wettley, 1961); (Glas, 2003).

Los aportes de la medicina bizantina fueron modestos comparativamente con los aportes de la medicina helénica, sin embargo, fue durante este tiempo cuando emergen figuras como Oribasio de Pérgamo 320-400 d.C., Alejandro de Tralles en el siglo VI, Pablo de Egina en el siglo VII, quienes con sus aportaciones sientan las bases para el futuro desarrollo de la medicina y de la psiquiatría. Oribasio influye en la obligatoriedad de obtener licencia para el ejercicio de la medicina; Pablo de Egina compila el conocimiento médico galénico y escribe un tratado sobre cirugía que tuvo gran impacto en el Medievo; sus observaciones sobre la melancolía no aportan ningún argumento nuevo y se ciñe esencialmente a los postulados galénicos en lo que concierne a las variantes de la melancolía y su tratamiento.

Alejandro de Tralles, a quien se considera como el último de los grandes médicos griegos, ecléctico como Galeno, refiere que la causa de la frenitis, epilepsia y melancolía se encuentra en el cerebro. Aunque esta mención parezca reiterativa en tanto que Alcmeón de Crotona ya había sugerido esta sede para diferentes enfermedades como la melancolía, manía y locura sin llamarlas por este nombre, reorienta el pensamiento médico enfatizando de nueva cuenta sus orígenes fisiológicos y emocionales.

> "Los cambios de conducta que pueden presentarse en el caso de la melancolía y de los desórdenes mentales, que —van desde la euforia, la ira, la indolencia y el ensimismamiento, el miedo y el suicidio, al homicidio— es evidente que incluye bajo la etiqueta de la melancolía un grupo mucho más numeroso de tipos de locura de lo que hace la mayoría de los autores que tratan este tema, aunque muchos de ellos incluían algunos casos de formas excitadas de locura junto con una gran mayoría de casos de tristeza y miedo" (Jackson, 1989, p. 55).

Confirma que la patología mental es resultado de la perturbación de los humores en el cerebro y que existen diferentes causas que originan las enfermedades. "La causa de la melancolía no es única y no existe un solo humor que cause esta afección", y prosigue "los órganos afectados pueden ser diversos, en unos el cerebro es el que está enfermo; en otros, es todo el cuerpo; en otros más, son únicamente el vientre y los hipocondrios" (Citado por Postel y Quétel, 1983).

Pablo de Egina [Paul D'Egine en bibliografía] (1844) compendió y ordenó el saber médico de la antigüedad, resume la obra de Galeno y Oribasio de Pérgamo y se le conoció como el transmisor a la medicina árabe y cristiana de los siglos posteriores. Es el primero en señalar que es un error asimilar la melancolía con la posesión demoniaca: "La melancolía es un trastorno del intelecto sin fiebre ocasionado por un humor melancólico que nubla la razón; en otras afecta primariamente al cerebro y existe una tercera especie llamada flatulenta e hipocondriaca". Queda claro que Egina sigue los planteamientos galénicos dividiendo el origen de la melancolía en tres variedades. Prosigue el escrito describiendo que:

> "Los síntomas comunes a todos ellos son el miedo, la desesperación y la misantropía. Algunos remedan el grito de animales brutos, otros creen ser ollas de barro y temen romperse en pedazos algunos desean la muerte y otros tienen miedo a morir; otros ríen constantemente, y otros sollozan; algunos se creen alentados por poderes superiores y predicen el futuro, como si estuvieran bajo la influencia divina; y a estos, por ello se les llama endemoniados o posesos".

LA MEDICINA ÁRABE

La cultura árabe o islámica coincide en tiempo con el auge de Bizancio y goza de un prestigio importante. En los siglos VIII y IX la medicina árabe incorpora el conocimiento grecorromano a través de los escritos que redactaron los padres de la iglesia —refugiados en los conventos durante la persecución religiosa— y de la medicina proveniente de India. Lo que se conoce como medicina árabe recibe esta denominación debido a que médicos y filósofos, siguiendo algunos preceptos del profeta Mahoma se obligan con ahínco a investigar, compilar y ampliar en el panorama médico.

Ishaq Ibn Imram planteó que algunos melancólicos veían ante sus propios ojos espantosas y terribles formas negras que en el contexto cristiano fueron fácilmente identificadas con demonios, pero irónicamente por su contorno sombrío, también con los monjes benedictinos aquejados de acedia. Describe también la manía, melancolía y epilepsia a modo de remembranza de las concepciones primitivas que atribuían las enfermedades a la influencia de las divinidades y tiempo más tarde a las obras del demonio.

> "Las figuras principales de la edad de oro de la medicina árabe en los siglos X y XI, fueron Al-Razí o Razes; Alí Ibn Abbas o Haly Habbas e Ibn Sina o Avicena. De importancia para la historia de la melancolía en particular, es Ishaq Ibn Imran quien escribió un tratado con el título *De Melancholia*, que desarrolla a principios del siglo X [...] Tras señalar que el término melancolía no denotaba la enfermedad en sí sino la bilis negra que era la causa inmediata de ésta, Ishaq definía la enfermedad como «un cierto sentimiento de aflicción y aislamiento que se forma en el alma debido a algo que el paciente cree que es real pero que en verdad es irreal» (Jackson, 1989, p. 53).

Esta monografía es la obra más antigua dedicada exclusivamente a este tema. Escrita en el año 900 d.C.

> "Aparte de su importancia clínica, da cuenta del proceso de transmisión del conocimiento a lo largo del tiempo puesto que las ideas y definiciones planteadas por este médico árabe resultan asombrosas, particularmente porque no relaciona este padecimiento [melancolía] con las explicaciones sobrenaturales o de influencia demoniaca que dominaron el pensamiento europeo desde el Medioevo hasta mediados del siglo XVII" (Omrani *et al.*, 2012, p. 116).

Este tratado influenció de manera importante las traducciones que en el siglo XI hizo Constantino "El Africano", quien se dedicó de tiempo completo a compilar todo el conocimiento médico. Constantino realizó varios viajes enriqueciendo su conocimiento de fuentes diversas y finalmente se instaló en Salerno; tradujo varias obras islámicas al latín, entre ellas, *De Melancholia* de Ishaq Ibn Imram recién citado. A pesar de la gran trascendencia y aceptación que tuvo este escrito de Constantino, cabe mencionar que en su traducción y adaptación no efectúa ningún énfasis sobre las reflexiones generadas por Ibn Imram sobre las causas psicogénicas de la melancolía y tampoco le otorga crédito alguno sobre la autoría presentando su escrito como propio.

Convertido al catolicismo, es posible que incluyera elementos cristianos en sus traducciones sin detrimento de las teorías griegas y latinas sobre la enfermedad. Como síntomas de la melancolía señala el miedo y la tristeza, descritos por la mayoría de los escritos hipocráticos y galénicos y al igual que otros autores que le antecedieron. "Afirma que la melancolía es una enfermedad que produce ideas negras e induce al paciente a temer cosas imaginarias que toma por reales; y observa que hay una serie de sospechas que pueden afectar el alma del paciente moviéndole al miedo y la angustia" (Jackson, 1989, p. 63)

Un texto clave en la edad media será *El Canon de medicina* de Avicena. De clara orientación galénica, devolverá la melancolía a su causa humoral, donde el cerebro se encuentra afectado secundariamente. Con estas observaciones sobre el concepto de melancolía, sus escritos de medicina general y el florecimiento de una actitud ecléctica serán vitales en el devenir del tiempo.

Fuertemente influenciado por Haly Abbas quien deja entrever su conocimiento del tratado *De Melancholia,* Avicena recaba el conocimiento de Rufo de Éfeso y Galeno para definir este estado como "una desviación del estado natural acompañado por el miedo y una malignización de la bilis negra, en la que sus vapores suben al cerebro y asustan al paciente con su lobreguez, de la misma manera que la oscuridad del exterior produce miedo, y que está determinada por un temperamento frío y seco". Cuando este estado se conjunta con una proclividad "a la ira, la intranquilidad y la violencia, cambia el carácter de la enfermedad y pasa a denominarse *manía;* y subraya que la melancolía designa solo el estado enfermizo producido por la bilis negra no adusta" (Jackson, 1989 p. 64-65).

> "Es posible identificar una equivalencia entre el componente somático y el psíquico, hasta el punto de que este influya más de lo que parece en el estado sano o enfermo, de aquél [...] Contiene consideraciones de orden filosófico sobre la naturaleza del mundo y del hombre; como la filosofía es un estudio especulativo del universo, la medicina debe referirse a ella para establecer sus principios y determinar los elementos que constituyen al ser humano y regulan su temperamento" (Guerrero, 2008, p. 243-260).

TOMÁS DE AQUINO E HILDEGARDA DE BINGUEN

El planteamiento Aristotélico sobre el genio y su relación con la melancolía paulatinamente pierde vigencia y a esta etapa, en orden cronológico, le sucederá el auge de la medicina galénica, los aportes de la medicina árabe y la doctrina de los temperamentos de Avicena. A partir del siglo IV como hemos visto, la doctrina cristiana realizó numerosos intentos para conjuntar la teoría humoral con los preceptos religiosos. La eucaristía representa la noción de *pharmakon* divino al que se agregan las bondades que le acompañan: la caridad, el cuidado de los enfermos y los beneficios que proporciona al alma cuando la razón se impone sobre la pasión. Al inicio de la edad media el loco vivía en casa de sus familiares y era aceptado por la comunidad, no se le señalaba, no se le perseguía ni se le condenaba. Esta actitud aunque no del todo clara, se emparentaba con la caridad. La iglesia consideraba al loco como un inocente o pobre de espíritu al que Cristo le había prometido el reino eterno.

Santo Tomás de Aquino (1225-1274), muy vinculado con el "racionalismo" y la filosofía aristotélica será reconocido como el más genial representante de las escuelas eclesiásticas. Su pensamiento "fue más allá del de San Agustín, la individualidad del ser humano ya no es un mero problema del 'alma', sino también del cuerpo" (Földényi, 2008, p. 77-78). Se le reconoce como el máximo referente del pensamiento escolástico por promover una articulación filosófica y teológica con el concepto del alma. Hábilmente logra conciliar su punto de vista filosófico aristotélico con la doctrina cristiana y las aportaciones hipocráticas, Galénicas y las correspondientes a la medicina árabe, todo ello, al considerar que el cuerpo, influenciado por los cuatro elementos clásicos, eran responsables de los fenómenos internos que afectaban el alma contenida en el cuerpo. Esta es, quizá, la razón que da cuenta de la gran influencia y reconocimiento que tuvo su pensamiento en la cultura medieval y moderna.

Tomás consideraba que los humores corporales incidían en todos los fenómenos psíquicos. Al hablar de las enfermedades del alma, utiliza algunos términos de uso frecuente; así la denominación de *insania* por ejemplo, se refiere de manera general a lo que llama *locura moral* en oposición directa a la prudencia y a la contención. Utiliza también vocablos como *"aegritudo animalis* para referirse a toda enfermedad causada por una *pasión animal"* (Echavarría, 2008, p. 98). Con el calificativo *animalis*, indica solamente que lo que debe prevalecer es *la razón especulativa* en cuanto a las cosas necesarias, diferenciándola de la *razón práctica*, relativa a cosas contingentes. En consecuencia, el alma ubicada en el cuerpo puede enfermarse de dos maneras: por la pasión corporal o por la pasión animal. Sobre las enfermedades, "en una amplia secuencia de textos, Tomás de Aquino retoma su consideración sobre la noción estoica de la pasión. Así en *Physica*, las describe como 'perturbaciones del alma' o 'enfermedades del alma' (*aegritudines* del alma) y en *Summa Theologiae* como 'afecciones desordenadas' (Corso De Estrada, 2013).

En la *Summa Teológica*, el "Aquinate", apoyado en el Canon de Medicina de Avicena, discurre que las enfermedades tienen como causa un desarreglo de las pasiones. Las clasifica en tres grandes rubros:

Phrenitis y lethargia. Enfermedad que ya hemos descrito como un delirio y que se acompaña con fiebre y por ello se diferencia de la manía.

Manía y melancolía. La manía es descrita como un estado caracterizado por una conducta generalmente violenta [furor].

La enfermedad psicosomática. Ya descrita con anterioridad con la denominación *Aegritudo animalis*.

También cita la epilepsia, fobias, tristeza, violencia, conductas sádicas, pero siempre al amparo de las descripciones de Avicena. Aunque considera todos estos estados como enfermedades, deja lugar para pensar que algunas de ellas se corresponden con una influencia demoniaca.

Considera que el alma tiene tres componentes fundamentales:

Anima Vegetativa: Referida primariamente a las funciones fisiológicas.

Anima Sensitiva. Se relaciona con: a) Los sentidos internos y externos, que incluían el sentido común, imaginación, fantasía, memoria y el aspecto cognitivo del instinto. Todos ellos se originaban en el cerebro. b) El apetito sensitivo, que representaba el movimiento, esto es, las fuerzas dinámicas de la mente que tenían su residencia en algún lugar entre las fuerzas somáticas y espirituales; incluían la lujuria y las tendencias irascibles, que en síntesis corresponden a lo que ahora denominamos pulsiones agresivas y sexuales.

Anima Intellectiva. Alude a las cualidades de los sentidos que hacían posibles las funciones cognitivas de la razón (juicio e inteligencia) (Santo Tomás De Aquino, 2001, p. 672-810).

Esta clasificación sobre los componentes del alma se expresan de manera simplificada, puesto que la parte correspondiente a la naturaleza del ser humano compuesto de alma y cuerpo, es un amplio tratado que va de las cuestiones 75 a la 89, además de que "En el resto de sus obras, hay referencias constantes sobre el tema del alma bajo [...] el presupuesto básico para su exégesis de que entiende al hombre como un perfecto equilibrio compuesto de cuerpo y alma (Amo, 2007, p. 119- 120).

Como punto central de esta teoría se encuentra la noción de que el alma no podía enfermarse. *La insania* era primariamente un trastorno somático atribuido a un uso deficiente de la razón correlacionado con situaciones donde la pasión es tan intensa, que interfiere con el adecuado razonamiento; o bien, que la razón no impera debido a un funcionamiento errático ejemplificado por los estados oníricos, o estados de intoxicación. En ésa época se considera que la arrogancia, la timidez, el resentimiento y la impulsividad, tienen un componente corporal. Estos planteamientos teóricos propiciaron que algunos historiadores consideren a Tomás de Aquino como el precursor de la escuela organicista de psiquiatría.

"Entre las enfermedades propias del cerebro, sitúa al amor junto con la somnolencia, el insomnio, la amnesia, la hidrofobia y la melancolía, afirmando que el amor 'es una enfermedad' y una especie de carcoma semejante a la melancolía [...] Define el amor como una pasión del alma producida por los sentidos que buscan satisfacer un deseo" (Guerrero, 2008, p.252).

Desde la perspectiva teológica, pero anterior a Tomás, Santa Hildegarda de Binguen (2013) planteó que los temperamentos sanguíneo, melancólico, colérico o flemático, eran resultantes del pecado de Adán y consecuentemente la expulsión del paraíso; reiterativa en proclamar que el origen de las enfermedades era producto del pecado de Adán y de su expulsión del paraíso, al disertar sobre las causas de la enfermedad, escribe:

"Algunas personas sufren enfermedades por la flema que abunda en ellos. Si el hombre hubiese permanecido en el paraíso, no tendría en su cuerpo flemas de las que vienen muchos males, sino que su carne estaría íntegra y no tendría livor. Pero como accedió al mal y abandonó el bien, se hizo similar a la tierra que lo mismo da hierbas buenas y provechosas como malas y perjudiciales, y que tiene humedades y jugos buenos y malos".

Santa Hildegarda puede considerarse como un personaje de culto —si así pudiese nombrarse— en el ámbito de la teología, medicina, música y una figura ilustre en el mundo intelectual. Se le otorgó el título de Doctora de la Iglesia en el año 2012 y se equipara con otras mujeres sobresalientes en el ámbito eclesiástico como Catalina de Siena, Santa Teresa de Jesús y la Madre Teresa de Calcuta. Escribió dos libros; uno versa sobre las ciencias naturales (*physica*) y el otro sobre medicina (*Cause et cure*). Recientemente se estudia su obra médica y filosófica y como un personaje polifacético. Sobre los melancólicos escribe:

"Hay otros hombres cuya mente es triste, apocada y dispersa, de suerte que en su estado y constitución no hay nada que sea correcto. Son como un viento fuerte inútil para las plantas y los frutos, y por eso les crece la flema que no es ni húmeda ni espesa, sino tibia. Es una especie de livor resistente que se estira como la resina y que depara bilis negra" (Santa Hildegarda, 2013, p. 50).

La palabra *livor* se aplica figurativamente para designar malignidad, envidia y odio.

Como se puede deducir, la concepción sobrenatural de la enfermedad muestra un pensamiento fuertemente influenciado por la irracionalidad característica de la mentalidad religiosa de la época que hace de la enfermedad emocional el resultado de una influencia del pecado y del demonio. La posesión demoniaca empieza a adquirir un carácter preponderante y ya es objeto del pensamiento de los teólogos. Los enfermos son presa de un gran sufrimiento, tanto fisiológico como espiritual, manifiestan un estado de extrema agitación temblor y contorsiones, pelo alborotado como en llamas, gritan, blasfeman y dicen incoherencias.

A partir del siglo XI, las alteraciones emocionales se describen de manera sucinta por los enciclopedistas médicos como Bartolomeo "El Inglés" y Santa Hildegarda de Binguen, aunque los relatos más específicos corresponden a Bartolomeo y Arnaud de Villeneuve. Tres obras relevantes para las enfermedades mentales pertenecen a este periodo: *De Melancholía* de Constantino "El Africano"; *De Parte Operativa* y *De amore heroico* de Arnaud de Villeneuve. Todos estos trabajos siguen los lineamientos hipocráticos y galénicos. La locura se explica en parte por el funcionamiento humoral y los temperamentos resultantes; biliosos, sanguíneos, flemáticos y melancólicos. Las afecciones mentales, aunque descritas en mayor detalle, son en síntesis un poco de lo mismo; es decir, "las manifestaciones melancólicas, la manía y la locura son el resultado de un desequilibrio humoral donde el temperamento condiciona las características. La discrasia sanguínea causa daño cerebral que afecta, de acuerdo a la enfermedad, el ventrículo anterior, medio o posterior" (Laharie, 1993, p. 137).

> "Los ecos de Aristóteles entre los escolásticos, las descripciones visionarias de Santa Hildegarda, altamente subjetivas y a menudo horripilantes [...] la sutil doctrina de las escuelas médicas, siempre escépticas o netamente hostiles frente a una adaptación esquemática del humoralismo puro, nada de eso valía

para integrarse en el caudal común del conocimiento, ni servir de guía al hombre medieval cuya existencia estaba ensombrecida por el temor a toda clase de enfermedades" (Kiblanski, *et al.*, 1991, p. 127)

La Edad Media no supuso ningún cambio fundamental en la conceptualización de estas alteraciones mentales. Los conocimientos sobre estos padecimientos perduran hasta bien entrado el siglo XVI. Los escritos médicos acerca de este tema eran, en lo esencial, versiones más elaboradas de lo mismo. El aporte islámico a la medicina medieval puede resumirse diciendo que reintroduce la fisiología humoral y sistematiza las enfermedades.

TRATAMIENTO DE LA LOCURA EN EL MEDIEVO

Se considera que los primeros siglos del Medievo preservaron la herencia de los autores de lengua latina, pero había que esperar algunas centurias para presenciar el despertar intelectual que tiene lugar en el siglo XIII debido a un doble aporte de los árabes. El primero se relaciona con la transmisión de textos antiguos casi desconocidos y, en segundo lugar, una muy válida reflexión sobre la medicina, y para lo que concierne a las enfermedades mentales, clasificadas casi hasta la actualidad como "enfermedades de la cabeza". Médicos y filósofos concuerdan en que tienen un predominio de orden somático. Los médicos árabes como Rhazèz, se conformaban con enumerar las enfermedades sin clasificarlas, privilegiando el estatuto de la descripción clínica.

Los tratamientos tendientes a mejorar o aliviar las afecciones mentales fueron numerosos y diversificados. Coexistiendo con la tradición contenida en la literatura médica, se identifican también las peregrinaciones a santuarios de salud, los exorcismos, amuletos y el paulatino incremento de centros de acogida o internamiento. Con mayor frecuencia, el tratamiento se imparte en el domicilio de los enfermos, otros quedan en custodia familiar y otros más reciben cuidados impartidos en monasterios. Los establecimientos más conocidos en este periodo son los de l'Hôtel-Dieu en París y el hospital del Espíritu Santo en Montpellier. Estos establecimientos indican el adelanto que en el futuro tendrá una variante de tratamiento: el internamiento u hospitalización institucionalizada.

Las técnicas utilizadas con mayor frecuencia se remiten a las prescritas en los albores de este periodo. Si se trata de un loco furioso o agitado, conviene darle duchas de agua fría, atarlo y ubicarlo en un lugar poco iluminado y tranquilo. En los casos de locura también se practicaban otras conductas como rasurar la cabeza de los locos para evitar que se jale los cabellos y también para aplicar ungüentos elaborados a partir de sustancias de origen vegetal, animal y mineral con miras a producir cambios en el estado de ánimo, en la percepción y comportamiento. La tonsura conjuga los elementos cristianos de la época y una acción que promueve la absorción de los ingredientes activos para que penetren sus propiedades curativas y a su vez, transpiren los vapores contenidos en el cerebro.

En estos casos, el objetivo del tratamiento se dirige a contender con los síntomas predominantes en cada caso, sea que se trate de un delirio agitado, agresividad, alucinaciones, o bien, retraimiento y taciturnidad. Los medicamentos utilizados desde el tiempo de Hipócrates y Galeno, están representados por el uso y cocción de hierbas, preparación de ungüentos o emplastos con efecto sedante e incluso narcótico con ingredientes como opio, solo o conjugado con una solanácea, como la mandrágora o el beleño. Estas preparaciones pueden tener varios ingredientes que pueden alcanzar hasta un total de 18 en algunos casos. La herbolaria utilizada desde la medicina hipocrática y galénica tiene efectos sedantes y estimulantes. Entre los estimulantes prescritos para la melancolía o la frenitis sobresalen: la canela, cardamomo, menta, yerbabuena, castóreo y pimienta. Conviene precisar que continúa el uso de inmersiones en agua fría, tibia y caliente en todos los casos de locura; las ventosas, sangrías, purgantes, eméticos dentro de los que se encuentra el eléboro, muy tóxico, pero útil en el tratamiento de la locura y finalmente la cirugía, que sólo se recomienda en casos muy severos que no responden a ninguna medida terapéutica.

> "La melancolía y su hermana la epilepsia caracterizan a los hombres geniales que se complacen en celebrar las paradojas de la melancolía […] He ahí la grandeza de la melancolía y […] al mismo tiempo su miseria pues el melancólico anda siempre cerca de la locura […] tal como lo describió Aristóteles, el humor de la la bilis negra 'aunque agudice el entendimiento, como lo hace el vino bebido con moderación, si es demasiado abundante y excesivo, e imbuido de algún vicio, es sumamente perjudicial para el espíritu'. En el Medievo la melancolía es el último y más bello esfuerzo de la naturaleza antes de que el ser se entregue a las ataduras del sueño y de la muerte" (Postel y Quétel, 1987, p. 78).

EL MARTILLO DE LAS BRUJAS: ARDE EUROPA

La Edad Media representa la incapacidad civil para proporcionar contención saludable a quienes padecen estos trastornos, de modo que se redactan leyes que obligan a los familiares a responsabilizarse de sus enfermos y en ocasiones recluirlos en mazmorras. Las teorías sobre el origen diabólico de la manía y melancolía se acrecientan de manera significativa. El concepto de alienación del espíritu se aproxima paulatinamente a la idea de alma poseída por el diablo; penetra en la raíz de las creencias populares y pronto llama la atención de los sacerdotes y canónigos cuyo deber consiste en reprimir el creciente número de herejes.

La negrura, uno de los atributos reiterativos cuando se señalan las características físicas de los melancólicos, confirman que el adjetivo *ater* (negro) es sinónimo de *tierra*, lugar en el que se gesta lo carnal y germina todo tipo de males. A lo largo del tiempo con pequeñas variaciones en la enunciación, se ha dicho que el melancólico es una persona huraña, de mirada esquiva, semblante feroz, taciturno y enfurruñado. En referencia al sexo femenino se dice:

> "Otras mujeres tienen carnes delgadas, venas gruesas, huesos moderados y sangre más azulada que rojiza. Su tez tiene una mezcla de colores negruzcos y verdosos. Son inconstantes, lentas en sus pensamientos, y suelen enfermar aburridas de sus males. Son indolentes por naturaleza de suerte que a veces padecen melancolía" (Santa Hildegarda, 2013, p. 80)

La persistente descripción y comparación de la melancolía con el temor, tristeza, oscuridad, y la reiterada mención de que su causa tiene como origen un humor negro y fangoso que se torna adusto por combustión de la bilis negra, aunado a una apariencia "terrosa", piel seca, árida y una conducta de aislamiento y soledad, seduce imaginariamente a quienes piensan que son atributos característicos de los herejes. La demonología y la brujería se convierten en una amenaza que hay que combatir.

La iglesia y las creencias populares coinciden al pensar que las enfermedades son resultado de poderes ocultos que corrompen los humores; consolidan la idea de que la melancolía, manía y locura tienen ahora un origen diabólico. El origen de las alteraciones emocionales queda bajo el dominio del temor compartido de quienes juzgan y quienes son perseguidos. Sobre estos trastornos se cierne y extiende un panorama sombrío, una amenaza que oculta en las tinieblas repliega a quienes poseen los atributos que caracterizan al loco y al melancólico. Parece entonces que la energía de los lunáticos, el aislamiento y pavor de los melancólicos y las conductas alegóricas sin motivo ya no se confunden más.

Se trata ahora de la posesión diabólica. "El orden medieval se apoya en la iglesia y la religión, quien amenace este orden es sospechoso de herejía [...] La tesis demoniaca no es totalmente nueva sino que desde el siglo XIV y XV implica sanciones trágicas, por ello, arden las hogueras en toda Europa" (Pélicier, 1971, p. 30). La medicina que antes estuvo bajo el influjo de la patología humoral, ahora se mantiene matizada por el dominio de la astrología, la brujería y la demonología. Las observaciones sobre melancolía ya no se localizan en los tratados médicos sino en los manuales o protocolos de los perseguidores de hechiceros y de los inquisidores.

El pensamiento y la inquietud en la que viven locos, maniacos y melancólicos se reflejan no sólo en un estado de vigilia constante, también se presentan durante el sueño y en su contenido. Algunas ocasiones los sueños son terroríficos en los que aparecen figuras vívidas de diablos, serpientes, sepulcros, cadáveres y otras cosas semejantes. Para las mentes melancólicas la idea de que el diablo se adueña de sus cuerpos y almas resulta incomprensible y angustiante al imaginar que el diablo es el responsable de calentar, enfriar y desarreglar los humores, particularmente en las almas frágiles, que en su mayoría se atribuye a las mujeres.

El contenido de los sueños, así como los procesos de adivinación e interpretación es una tradición antigua que se remonta hasta la cultura egipcia, pero en esta época adquiere un significado tenebroso, puesto que los melancólicos y los atacados de manía son presa fácil del demonio. Melancolía, manía y locura pasan a ser dominio de la fe y su curación ya no es privilegio de los médicos, sino de los sacerdotes e inquisidores. Los teólogos exorcistas poco conocedores del funcionamiento de las enfermedades del alma, escribieron la historia de la locura en el ocaso de la edad media. La creencia en la posesión diabólica se extiende hasta tal punto, que se instaura una auténtica demonología, formando procedimientos que sustituyen a la medicina tradicional. No es de extrañar que en un clima tal, Satanás se personifique de diversas formas y que al mismo tiempo toda Europa se ilumine con el resplandor de las hogueras.

Ya no se trata de estar de buen o mal humor, paranoico o delirante para percatarse que paulatinamente se oscurece el horizonte, se barruntan los límites entre una y otra ciudad al tiempo que, misteriosamente, les precede un estruendo, fulgores, gritos y clamores a distancia. Los habitantes de las ciudades se muestran cautelosos, se encierran, sus ojos denotan confusión, terror y miedo sofocados. La comunicación entre los habitantes de las poblaciones es escasa, el tono de voz bajo, sin formulación de preguntas. La palabra se estanca, no se articula porque los oídos y la sombra del diablo se extienden hasta el límite más distante. Las nuevas y crecientes manifestaciones de herejía adquieren un carácter revolucionario que trastorna y asombra a todos los espíritus. En el siglo XV la herejía, hechicería y quiromancia caminan de la mano, mientras la vigilancia acecha al tiempo en que los instrumentos de tortura se erigen rápidamente como técnicas eficaces de confesión. Es la primacía del oscurantismo en plena etapa del Renacimiento.

El dominico alemán Johannes Nieder escribe en 1475 el *Formicarius*, cuyo contenido versa sobre situaciones de confrontación entre un teólogo y un impugnador discutiendo sobre supersticiones y maleficios: uno de ellos comenta las causas naturales y el otro las intervenciones diabólicas. Credo o realidad, la posesión diabólica sería la consecuencia de una disposición melancólica y, por lo tanto, se entiende que existe una afinidad selectiva entre melancolía y el diablo. Este tratado destaca la parte negativa sobre las supuestas brujas, en su mayoría con escasa educación, una mujer, cualquier mujer, todas pueden ser brujas.

El segundo tratado sobre brujería y el más conocido, *Malleus Maleficarum o Martillo de las Brujas se* escribe en 1486. Los autores, Heinrich Kramer y Jacob Sprenger, dos monjes dominicos de origen alemán, amparados por la bula papal de Inocencio VIII son nombrados inquisidores con poderes especiales y absolutos para investigar y llevar a cabo las actividades necesarias para combatir la herejía y la brujería. Los métodos para contender con este fenómeno, se encuentran descritos en este documento que tendrá vigencia hasta la mitad del siglo XVII. Esta epidemia de histeria, poder clerical y sometimiento, perdura en los siguientes 150 años aproximadamente. La noción de brujería no es nueva, se remonta al tiempo del paganismo antiguo, pero en este momento alcanza su clímax.

El tratado se estructura en tres partes que versan sobre:

1. Los tres concomitantes necesarios de la brujería, que son el diablo, una bruja y el permiso de Dios Todopoderoso.

2. Los métodos por los cuales se hacen y dirigen las obras de brujería y, cómo pueden ser disueltas y anuladas exitosamente.

3. Los procedimientos judiciales eclesiásticos y en tribunales civiles contra las brujas, y de hecho, contra todos los herejes.

(Kramer & Sprenger, 1998-2001)

El contenido del libro, leído a siglos de distancia, permite identificar una desbordante imaginería en torno a detalles de supuesto contenido sexual sobre las relaciones carnales entre las brujas y el demonio; denota una clara y lúbrica fantasía que atrapa tanto a los autores y sus lectores en una fascinación morbosa que los engancha y los mantiene cautivos. Baste decir que con base en la información disponible se puede afirmar que el *Martillo de las Brujas* fue el libro más leído después de la Biblia.

Este tratado se convirtió también en una guía para identificar a hechiceros, brujas, y posesas que accedieron a tener relación carnal con el demonio. El contenido revela una gran misoginia, herencia de las culturas teocéntricas musulmana y cristiana. Representa un pretexto fanático, delirante y oscuramente fascinante para los ejecutores de penas y castigos a herejes y a quienes no se apegan a los preceptos de la fe. Muchas de las supuestas brujas eran enfermas melancólicas, aquejadas de manía, delirantes y otros tipos de locura. Lucifer, Belcebú, Satanás y Asmodé eran los máximos representantes de la época. Con la ayuda de los exaltados exorcistas se prendió fuego a infinidad de hogueras que iluminaron las grandes y pequeñas ciudades europeas esperando con sus lenguas flamígeras el arribo de una gran cantidad de herejes, alquimistas, adivinadores, melancólicos, maniacos y locos, todos ellos considerados como los más fervorosos incitadores de cismas y herejías.

Cualquier persona podía ser considerada como hereje por el simple hecho de cuestionar los preceptos de la fe o la existencia de las brujas, así como practicar la nigromancia. De manera simple, cualquier sujeto que interpelara o tuviese duda de los preceptos religiosos, resultaba ser un hereje y en consecuencia sujeto de interrogatorio para demostrar que se arrepentía de las actividades que se les imputaban: transportarse en escobas, robo de infantes para ofrecerlos a Belcebú porque seguramente tenían un pacto o alianza secreta con el diablo. Gitanos, poetas, judíos y vagabundos fueron incluidos en el rubro de herejes sospechosos.

"Es claro que el origen y aumento de esa herejía nace de esa pestífera vinculación del género humano con el diablo [...] la brujería difiere de todas las demás artes perniciosas y misteriosas en el sentido de que, de todas las supersticiones, es la más repugnante, la más maligna, y la peor [...] En la práctica de este abominable mal hacen falta en particular cuatro puntos. Primero, renunciar de la manera más profana a la fe católica, o por lo menos negar ciertos dogmas de la fe; segundo, dedicarse en cuerpo y alma a todos los males; tercero, ofrecer a Satán niños no bautizados; cuarto, dedicarse a todo tipo de lujuria carnal con íncubos y súcubos, y a todo tipo de asquerosos deleites" (Kraemer & Sprenger, 2001, p. 28)

A lo largo de este periodo también se admitieron con interés los relatos de pesadillas en la que los *incubus* o imágenes oníricas, se vinculaban con temas de contenido sexual que resultaban incomprensibles para el soñante, pues el sueño angustioso comúnmente sugería un ataque del demonio a las mujeres castas. En sentido opuesto, el término *sucubbus*, se aplicaba al demonio, quien adoptando la figura femenina perturbaba en sueños a los hombres de buena conducta. La licantropía también fue otro fenómeno de la época. Se consideró como una variante de melancolía, pero sólo se atribuyó a personas cuya conducta consistía en recorrer lugares solitarios y cementerios durante la noche, imitando los aullidos de un lobo.

Este tiempo también se caracterizó por el temor hacia los extranjeros, un indicio de xenofobia que ya se había manifestado en la antigüedad romana. Esta desconfianza se relacionó con la posibilidad de que los recién llegados tuvieran enfermedades melancólicas o que practicaran la brujería. Como bien se sabe, no puede existir mayor temor que lo desconocido; debido a ello y a la búsqueda de un lugar que les proporcionara un apacible resguardo, los habitantes de distintas ciudades buscaron refugio en territorios seguros y ajenos a toda perturbación.

El fenómeno de la brujería es un ejemplo muy interesante en la historia de la melancolía, de la manía y la locura en general porque:

1. De manera precisa señala la estrecha relación entre las imágenes de

enajenación y arrebatos emocionales con fuerzas ocultas; revelan el estancamiento cultural y social como un estado de parálisis generalizada.

2. Corrobora el elemento mágico compartido por todas las religiones y prácticas esotéricas que se manifiestan en periodos de crisis.

3. Porque puede efectuarse un seguimiento sobre la percepción popular de los "atributos" de este fenómeno y su vigencia desde tiempos remotos hasta la actualidad.

La opinión de los estudiosos de las ciencias sociales plantea que la brujería y las creencias populares sobre el ocultismo y los poderes sobrenaturales son resultado de actitudes que prevalecen en tiempos de gran estrés social aunado a la consecuente pérdida de credibilidad en las instituciones tradicionales. Durante todo el Medievo e incluso en los primeros años del Renacimiento prevalece la concepción cristiana sobre el origen de las enfermedades, conjuntamente con la incipiente postura médica que dirige su atención a encontrar respuestas razonables en torno a la relación cuerpo y alma, como entidad indivisible no sujeta a fuerzas divinas o demoniacas.

> "Esta nueva época vio un debilitamiento de la poderosa posición que mantenía la Iglesia cristiana y una pérdida de su influencia integradora en la explicación de la conducta humana. El creciente interés por las autoridades clásicas, las tendencias hacia un pensamiento más secularizado y el efecto de ruptura del naciente protestantismo, fueron todos factores del gradual cambio que se empezaba a manifestar" (Laín Entralgo, 1978, p. 76)

La *tristitia*, término utilizado por Hipócrates con su famosa frase "Si el miedo y la tristeza se prolongan, es melancolía", persiste como un componente de la melancolía y en algún momento se atribuyó también a la acedia.

"La fusión de las manifestaciones de 'Melancolía' y 'Tristesse' durante el siglo XV no solo acarreó una modificación de la idea de melancolía, en el sentido de darle una vaguedad subjetiva, sino también, viceversa, de la idea de dolor, dándole las connotaciones de reflexión cavilosa y refinamientos cuasipatológicos" (Kiblansky *et al.*, 1991, p. 230). *La tristitia* fue considerada como uno de los pecados capitales, hasta que de eliminó de este rubro por Santo Tomás y "desaparece momentáneamente" como manifestación de melancolía o del controvertido concepto de acedia.

En los últimos años de la Edad Media, la sensación de *temor* se hace patente en toda Europa; temor por lo novedoso, por la diferencia, temor a los inquisidores y temor ante la posibilidad de cambios sociales indefinidos. En este contexto la locura se presenta como una metáfora de los pecados, ya no de un sólo sujeto, sino de los pecados del mundo. El enfermo mental encerrado, integrado o rechazado por la comunidad vive al margen de su grupo social. El rechazo familiar y social, la exclusión y segregación de los *locos e insensatos* constituye ya un tema de importantes debates que continuará con mayor énfasis en los siglos XV al XVII.

MELANCOLÍA, MANÍA Y MEDICINA EN EL RENACIMIENTO

Se denomina Renacimiento al movimiento cultural que tiene lugar en Europa a partir del siglo XIV y se afianza formalmente en los siglos XV y XVI. Surge en Italia y de ahí se propaga al resto de Europa. Si bien existen discrepancias sobre sus límites, se pueden citar como fechas de inicio el año 1453 con la toma de Constantinopla por los turcos y el descubrimiento de América en 1492. El siglo XV prácticamente se considera como un lento periodo de transición, que en términos prácticos no contribuyó de manera importante en el conocimiento de la las alteraciones mentales y en particular de la melancolía. Quizá el personaje sobresaliente en este tema fue Bartholomeaus Anglicus.

Más conocido como Bartolomeo "El Inglés", escribió un tratado llamado *De Propietatitbus rerum* (1494). En el libro IIII (numeración original en su escrito) bajo el rubro "De los humores y calidades de los elementos", Cap. VI (p. 82-90), realiza una descripción detallada de la melancolía y sus características que tuvo vigencia hasta finales del siglo XVI. El contenido de sus observaciones sobre melancolía, es una síntesis de los planteamientos de la teoría humoral con agregados de aportaciones de Rufo de Éfeso, Galeno y Avicena. Mantiene la idea de la existencia de una melancolía, natural y una melancolía adusta.

En oposición a la creencia generalizada de que el Renacimiento fue un periodo oscurantista, se puede afirmar de manera más precisa que estuvo caracterizado por dos grandes vertientes de pensamiento: primero, la correspondiente a los escasos aportes filosóficos y médicos y, en segundo lugar, los eventos que identifican el advenimiento de la medicina humanista y la emergencia de figuras sobresalientes de este periodo como Marsilio Ficino, Rabelais y Leonardo Da Vinci, quien aporta también conceptos novedosos en el campo de la anatomía humana; Calcar diseña las láminas que ilustrarán el tratado de Vesalio *De corporis Humani Fabrica* en 1543.

Se sabe que en los siglos XVI a XVII tuvieron lugar grandes avances en el campo de las ciencias en general. Fue el tiempo de la protesta de Lutero contra la cristiandad ortodoxa, el descubrimiento de la imprenta, el tiempo de Copérnico, personaje sobresaliente del pensamiento científico, quien escribió el famoso libro *Sobre las revoluciones de las esferas celestes*, texto primigenio de lo que hoy se conoce como astronomía. Es también la época de Galileo Galilei, Rabelais, La Fontaine, Descartes y muchos más, quienes con sus ideas innovadoras promovieron que este tiempo fuese denominado como Renacimiento, que en otras palabras implicaba un renacimiento del saber.

La medicina también se ve impactada por este progreso, particularmente en el campo de la Anatomía, con Vesalio como su máximo exponente por las aportaciones contenidas en su famoso tratado *De humani corporis fabrica* (1543). El tratado tuvo gran impacto, sin embargo, Vesalio fue sujeto de vivas críticas y ataques propinados por sus detractores, quienes no eran más que fieles seguidores de las teorías humorales y de la anatomía galénica.

Un personaje singular en esta época es Teophrastus Bombastus von Hohenheim, mejor conocido como Paracelso. Escribe *De las enfermedades que privan al hombre de la razón* en 1567. En el contenido de este escrito hace patente su escepticismo y efectúa planteamientos radicales opuestos a la aún prevalente teoría humoral y galénica. Resultante de su inconformidad arroja a una pira los tratados galénicos. Esta acción puede interpretarse como una repulsa al poder del clero que lleva a los melancólicos y locos a la hoguera y, a manera de analogía, él lleva a la hoguera la teoría humoral pues considera que está fuertemente influenciada por los conceptos de la doctrina cristiana. "Su rechazo de la teoría de los humores fue el comienzo de una tendencia que iba a afectar grandemente las explicaciones de la melancolía en el siglo siguiente y su influencia en la química aplicada a la medicina del siglo XVII terminaría por afectar a los estilos terapéuticos" (Jackson, 1989, p. 81).

La concepción medieval y renacentista sobre melancolía y otras alteraciones mentales dejó de percibirse como lineamiento teocéntrico (cristiano y musulmán), adoptando un matiz más humano; sin embargo, los contrastes entre el naciente humanismo y las estructuras sociales del Medievo dieron lugar a múltiples enfrentamientos y trastrocamientos del orden social. El más representativo de ellos correspondió al aún vigente tema de la brujería y, desde ese lugar, la locura se encontró en el ojo del huracán. La emergencia del humanismo en Italia alrededor del siglo XV y posteriormente en el resto de Europa, no se considera como una forma de expresión o rebeldía antirreligiosa tal como se proclamó en el siglo XIX; por el contrario, la toma de conciencia sobre la propia persona, la responsabilidad sobre la conducta y toma de decisiones, fue un tema central del pensamiento renacentista aunado a la irrupción del estado laico en las instituciones.

En su vertiente natural, la melancolía renacentista es un delicado temperamento que puede ir de la genialidad a la locura y estará matizado por los "niveles" de la bilis negra; pero he aquí que la modalidad de la melancolía expresada como tristeza, es asociada con el viejo concepto aristotélico de creación y genialidad. La melancolía ahora es depositaria de un atributo que promueve la emergencia del acto creador, noción aceptada con júbilo por toda Europa.

Marsilio Ficino (1433-1499). Sacerdote católico y filósofo italiano, en su obra *De vita triplici* da un giro a la concepción prevalente de melancolía al retomar la noción de genialidad aristotélica contenida en el *Problema XXX*. Ficino la asocia y fusiona con el planteamiento platónico de locura divina y de ahí en adelante el término *melancólico,* adquiere un perfil poético asociado a múltiples manifestaciones literarias, musicales y pictóricas. "Esto no quiere decir que las dos ideas originales de la melancolía —como enfermedad y como temperamento— desaparecieran totalmente del uso común. En la lírica amorosa, por ejemplo, 'melancolía' se siguió usando constantemente como locura" (Kiblansky, *et al.,* 1991, p. 218). La fuerza intelectual de Ficino tuvo gran impacto en el pensamiento de su época. Botticelli, Alberto Durero, Cornelio Agrippa, Paracelso y Milton son sólo algunos ejemplos de quienes se vieron influenciados por este tipo de pensamiento innovador.

Milton, el poeta inglés autor de *Paraíso perdido*, es considerado como claro ejemplo de la imagen melancólica; se presume también que la melancolía y su vínculo con el genio creador impactaron fuertemente a Alberto Durero para la creación de su famoso grabado *Melencolia I*.

> "La melancolía, es la que inspira a los artistas del Renacimiento. Tal es el caso del célebre grabado de Alberto Durero *Melencolía* en 1514, así como los cuadros de Lucas Cranach El Viejo, con el que comparte grandes similitudes: un ángel andrógino sombrío y silencioso, inspirado y constructor. Es la melancolía de Aristóteles que concuerda con la genialidad" (Quétel, 2012, p. 75-76)

Pico della Mirandola (1463-1464). Después de Marsilio Ficino, es el filósofo más conocido en el Renacimiento: su *Discurso sobre la dignidad del hombre* (2003) es el texto más conocido del siglo XV. El recóndito y agresivo carácter de su pensamiento pudo ayudar a explicar por qué la filosofía del Renacimiento tuvo poco impacto (*Stanford Encyclopedia of Philosophy*, 2012). En su *Discurso*, Pico define los tres ideales del pensamiento humanista: El derecho inalienable a la discrepancia; el respeto por las diversidades culturales y religiosas y, finalmente, el derecho al crecimiento y enriquecimiento de la vida a partir de la diferencia. Tres preceptos que en pleno siglo XXI se proclaman alrededor de todo el mundo, de modo tal que pudiera afirmarse que su pensamiento no solamente fue válido para su época, sino que su impacto y repercusión en diversos ámbitos de la existencia humana aún resuenan en nuestras mentes.

LA NAVE DE LOS LOCOS

En pleno auge literario, la melancolía promueve que la locura reclame a través de sus manifestaciones extremas una mayor atención, pues aún no ha sido definida con veracidad. Las descripciones sobre ella aún son imprecisas, no tiene un lugar propio y los establecimientos que le dan cabida a quienes están tocados por su fuego, se encuentran atestados de mendigos, vagabundos, pordioseros, niños y mujeres sin hogar. El estado mental que genéricamente se describe como insania, demencia, alienación y locura, empieza a inquietar a médicos y filósofos. La locura y la manía pronto serán objeto de mayor atención.

En 1494 Sebastián Brant escribió un libro cuyo título ha sido utilizado como registro editorial y como motivo de reflexiones y estudios históricos en torno a la locura: *Das narrenschiff (La nave de los locos)*. El texto pretendidamente satírico, señala las debilidades y vicios de su tiempo; además, temerariamente constata que la lectura de las Santas Escrituras no corrige los vicios humanos. Brant detalla minuciosamente la actitud social hacia los melancólicos y otros "locos", a quienes se colocaba en un barco que se dejaba a la deriva. Esta acción ejemplifica al mismo tiempo las conductas de marginación social hacia quienes tienen comportamientos diferentes, comportamientos anormales y son estas palabras con las cuales se les conoce e identifica debido a la confusión y extrañeza que genera su conducta. Esta diferencia genera miedo y temor, entendida como amenaza a su integridad, pero también, a los cambios y emergencia de nuevas formas de estructura social no bien definidas.

> "¿Por qué de pronto esta silueta de la Nave de los Locos, con su tripulación de insensatos, invade los países más conocidos? ¿Por qué, de la antigua unión del agua y la locura, nace un día, un día preciso en esta nave? ¿Se debe tal vez a que la barca simboliza toda la inquietud que se vislumbra en el horizonte de la cultura europea a fines de la edad media? La locura y el

loco llegan a ser personajes importantes, en su ambigüedad: amenaza, cosa ridícula, vertiginosa sinrazón del mundo y ridiculez menuda de los hombres" (Foucault, 1998, p. 28)

La nave de los locos puede ser entendida como un acto simbólico del viaje que emprende un grupo heterogéneo de personas; un viaje que consiste en transitar entre dos territorios o dos dominios: aquel del que son rechazados y el otro, el que anhelan, pero al cual saben que no pueden pertenecer.

Hyerónimus Bosch, mejor conocido como El Bosco, creó un cuadro en 1499 que lleva el mismo nombre que el libro de Brant. En esta obra pictórica pueden apreciarse figuras de apariencia animal y en aislamiento que simbolizan la alienación resultante del pecado original; también refleja la condición característica de quienes nada quieren saber sobre lo que acontece fuera de su cómodo ámbito social: La total incomprensión de esta otra realidad ignorada e igualmente perturbadora.

La difusión del tema de la locura y el temor que genera la condición de "Ser loco o estar loco", legitima una de las tendencias que darán lugar al movimiento de exclusión social y confinación de personas que, en su cuerpo y en su mente portan una diferencia, una cualidad incómoda y molesta para las "buenas conciencias". El estigma, conocido en Grecia desde épocas ancestrales, se hace manifiesto: si una familia tiene un loco, debe cuidarlo en casa, pero el cuidado es vergonzante, el loco se encuentra con ataduras o grilletes, el loco habla una lengua incomprensible, ve y escucha lo que nadie más puede percibir y en ocasiones se enoja, monta en furia si su locura es agitada. Pero no es el loco quien habla, sino que la locura habla a través de la boca del loco como veremos dos párrafos más adelante.

"El estigma de la diferencia de la enfermedad mental no se ha erradicado y ya no se circunscribe a la melancolía, manía, tristeza y locura, sino que involucra a todos aquellos que portan una marca, una característica física o subjetiva que denota la diferencia y la incongruencia con el estereotipo de ciudadano común, aquel que se ciñe a las normas de comportamiento de una sociedad que experimenta cambios constantes. El término estigma será utilizado, pues, para hacer referencia a un atributo profundamente desacreditador" (Goffman, 1995, p.13)

Otros cuadros del Bosco son el *Jardín de las delicias* y la *Extracción de la Piedra de la Locura,* entre otros. Es evidente que este periodo se encuentra influenciado por sentimientos de extrañeza y alienación, que como diferencia identifica plenamente diferentes formas de locura. "Si se ha hecho de la alienación psicológica la consecuencia última de la enfermedad, es para no ver la enfermedad en lo que realmente es: la consecuencia de las contradicciones sociales en las que el hombre está históricamente alienado" (Foucault, 1988, p.116).

En otro texto, menos sombrío que los anteriores, Erasmo de Rotterdam, un gran humanista, escribió *Elogio de la locura* (1509). En esta obra plasma la visión reduccionista de la época cuando se consideraba al loco como clarividente, capaz de realizar embrujos por sus nexos diabólicos. Erasmo le da voz a la locura, personaje temático de la obra que, hablando en primera persona expone sus argumentos ante un público imaginario: "Escuchadme como acostumbráis escuchar a los bufones, farsantes y charlatanes de las plazas públicas [...] En efecto, ¿hay nada más natural que contemplar cómo la Locura exalta su propio mérito y canta ella misma sus alabanzas? ¿Quién podrá conocerme mejor que yo misma?" (De Rotterdam, 1983, p. 16).

Las imágenes sociales del loco empiezan a proliferar en obras literarias de tono satírico y novelesco. Francois Rabelais escribe *Gargantúa y Pantagruel* (1546) primera de un conjunto de cinco novelas escritas de manera secuencial; también se identifica la figura del loco en el *Falstaff* de W. Shakespeare; en Enrique IV (1598) y de forma análoga, en *El Quijote* de Cervantes a través de sus dos personajes, el mismo Don Quijote y su escudero Sancho Panza (1605). Estas alusiones ilustran de manera sencilla el pasaje de las enfermedades provocadas por el demonio hacia la búsqueda de las causas de la locura que aparece con mayor frecuencia en las ciudades.

También se observan nuevas formas de pensamiento crítico, un creciente individualismo y aunque con temor, expresiones verbales y escritas en las que emerge el *personaje de la locura*. El pensamiento renacentista impacta la estructura social medieval; el feudalismo pierde fuerza, la población se empodera, empieza a ejercer sus derechos y a emanciparse en nuevas empresas; los reyes adquieren mayor poder y la iglesia se cimbra hasta sus cimientos con la reforma protestante.

La nave de los locos como expresión figurativa representa la forma en que se describe una barca llena de melancólicos, maniacos y alienados con la intención de que al término de su travesía sean acogidos en otras regiones. El riesgo de perder la vida durante el trayecto es una expectativa no enunciada, tanto por quien lo coloca en la barcaza, como de quien lo transporta: un destino incierto sujeto a los vaivenes de una nave que se desliza bajo el mando de un tripulante indiferente a la suerte que el destino le depare a sus viajeros. Prevalece una ideología que adquiere un cariz y fuerza importantes. El viaje simbólico de los locos llega a su destino: la exclusión; la expulsión de un contexto social en el que quien no trabaja, no tiene lugar en la sociedad; se trata del rechazo de la familia y el rechazo de los principios cristianos de caridad y amor al prójimo. En el futuro se diseñarán otras opciones en el contexto del encierro, de la reclusión.

Este suceso trae a colación un acontecimiento histórico opuesto en apariencia. Las festividades en que el loco gozaba de ciertos privilegios y podía mostrarse en público sin temor a mostrar su insania y compartirla con la población que al igual que el loco, liberaba sus temores y deseos reprimidos. El clero y las autoridades se mostraban permisivos participando también de estas celebraciones semejantes al carnaval. Estas fiestas pagano-religiosas se conocieron con el nombre de *Fiesta de los locos* o *Fiesta de los inocentes*.

Con gran arraigo se festejaba por gobernantes, nobles y religiosos pertenecientes a ciudades ubicadas al norte de Francia y también en Flandes.

Íntimamente relacionados con la incertidumbre social y la escasa respuesta de los gobernantes, estos eventos facilitaban la libre expresión emocional a través de disfraces, fantasías verbales, música y letras burlescas imitando los cánticos religiosos. La culminación de toda esta alegoría consistía en la elección de un rey o un papa (*pape des fous*) portando una vestimenta imitando la propia de los reyes o al mismo papa, exceptuando en este caso la mitra, sustituida por un gorro con un cascabel en la punta y a manera de cetro un bastón.

La simplicidad e ingenuidad de los *inocentes* adquiere paulatinamente un carácter pictórico y una categoría particular que ubica a muchos de ellos en cercanía con el rey y su corte y como bufones son imprescindibles en las fiestas de palacio. Se reconoce al loco por una serie de características o atributos recurrentes: cabello desordenado, miembros retorcidos, túnica colorida, color de tez verduzca o facies terrosa y conductas erráticas entendidas como gracejadas que mueven a risa. El loco es errabundo, se caracteriza por su palabrería sin sentido, por la libertad que dispone para hacer lo que se le antoje y la falta de cuidado en su persona.

Notre Dame de Paris, escrita por Víctor Hugo, describe ejemplos pintorescos de la locura y la confusión social imperante a través del jorobado, la gitana extranjera proveniente de Andalucía; la sociedad francesa atemorizada por el creciente número de gitanos que practican la adivinación; el incremento de ladrones, vagabundos y asesinos que deambulan por las calles y, por supuesto, el clérigo que confrontado con su propia pasión envía al cadalso a la gitana que no cedió a sus pretensiones.

La fiesta de los locos perdura hasta mediados del siglo XVI, en las primeras décadas del Renacimiento.

> "Sin duda, la locura tiene algo que ver con los extraños caminos del saber. El primer canto del poema de Brant está consagrado a los libros y a los sabios; y en el grabado que ilustra este pasaje [en la obra original] vemos al Maestro como en un trono, en su cátedra atestada de libros; detrás del birrete de doctor, lleva el capuchón de los locos, adornado con escabeles" (Foucault, 1998, p. 43)

Es el tiempo del humanismo y del auge de las ciencias, y de forma coincidente, el inicio del desembarco simbólico de los locos y melancólicos en otras tierras. Nos encontramos en un periodo estrechamente vinculado con el devenir de la melancolía, de la manía y de la locura en general.

Cornelio Agrippa (1486-1535). Es reconocido por ser el iniciador de un movimiento liberador de las mujeres; enarbola la defensa de aquellas acusadas de brujería y se enfrenta a la corriente misógina de la Inquisición. Agrippa se destaca por su capacidad para resumir e integrar las concepciones filosóficas prevalentes para la demonología judía y cristiana. Filósofo, médico, alquimista y astrónomo, fue un hombre del Renacimiento. Preceptor de Johann Wier, escribió una obra llamada *De occulta philosophia* y en ella se refiere a la melancolía desde una postura astrológica donde Saturno, de la misma manera en que se le describía en la antigüedad, era el causante de este estado, sin aportar alguna idea novedosa.

Agrippa (1992). Clasifica y distingue tres etapas y formas distintivas de melancolía: Imaginativa (imaginatio), racional (ratio) y mental (mens). [...] Cuando el alma se libera de la melancolía, ésta se concentra en la imaginación y recibe órdenes de quienes Agrippa llama demonios menores. Esto significa que en el nivel de la imaginación una persona con escasa habilidades puede ser un buen artesano. En la segunda etapa la melancolía está dominada por la razón y a por mediación de los demonios intermedios llega a conocer el mundo natural y humano y de esta manera puede llegar a ser filósofo o médico. Finalmente, cuando el alma se concentra en el intelecto, la persona tiene acceso privilegiado a los grandes secretos del misticismo y la espiritualidad.

Juan Luis Vives (1492-1524). El año que nació Vives puede ser considerado como memorable al coincidir con el descubrimiento de América y la unificación de España durante el reinado de los Reyes Católicos. Hijo de padres judíos, este pensador converso no estuvo ajeno a las maniobras de persecución inquisitoria, misma que ejercieron de manera incisiva contra sus padres, quienes años después fueron quemados en la hoguera a pesar de la defensa que de ellos hizo Erasmo de Rotterdam. Es probable que por eso y por su propia seguridad, abandonara España a los 16 años y no regresara jamás. En su exilio personal sufrió el tiempo de duelo y los efectos melancólicos provocados por la impotencia de no haberles auxiliado; pero también le inquietaba el temor de enfrentar una acusación semejante en caso de regresar. Un artículo de Martínez "Sobre la figura y obra de Juan Luis Vives", contiene algunas líneas de una carta de su autoría justificando su indecisión: "Me retrae el gasto y me lo desaconseja el riesgo' (Carta a Granevelt, Brujas, 15/III/1523) "Sea cual fuere la razón, lo cierto es que aquella herida se enconó y Luis Vives pasó de la angustia y la duda hasta el desánimo y la desesperación" (Martínez, 1992).

Su postura humanista y tesonera actividad para defender a las mujeres acusadas de hechicería, lo llevaron a escribir un tratado *Sobre la educación de las mujeres*. La obra teológica de Vives y su postura vanguardista se observan en sus libros *Sobre la ayuda a los pobres*, adelantando nociones sobre asistencia pública; al igual que en *De anima et vita*, donde resaltan nociones sobre antropología. Como buen teólogo e influenciado quizás por Santo Tomás, escribe pensamientos sobre las pasiones y recomendaciones básicas para atender a los enfermos de la mente y la necesidad de construir establecimientos para otorgarles atención.

Johann Weyer (1515-1588). Conocido por muchos investigadores como "El primer Psiquiatra", nació en Graves, un pueblo limítrofe entre Holanda y Alemania. Se desempeñó como médico personal del Duque Guillermo de Jülich; aunque se consideraba que el Duque era una persona ilustrada e inteligente, en su edad madura fue un enfermo mental. Este hecho puede explicar la sensibilidad e interés tan particular de Weyer para profundizar en el estudio de los procesos psicológicos. Uno de los aspectos sobresalientes de los estudios de este médico tuvo como objetivo observar —primer principio de pensamiento lógico— el comportamiento humano, particularmente el estudio de las mujeres acusadas de brujería. Las conclusiones que obtuvo al concluir sus investigaciones quedaron incorporadas en *De Praestigiis Daemonum* que fue publicado en Basilea en 1563. En la actualidad se reconoce que este libro representa una línea demarcadora en la historia de la Psiquiatría. Weyer ha sido considerado como el padre de la psiquiatría; en sus trabajos describió un amplio rango de síntomas asociados a entidades diagnósticas, que incluían psicosis tóxicas, epilepsia, psicosis seniles, pesadillas, histeria y melancolía. Su tratado fue un puntilloso texto que refutaba punto por punto al Malleus Maleficarum.

Weyer planteó sin temores su rechazo a las ideas de brujería y con energía condenó a los clérigos que mantenían estas creencias. A partir de esta postura se dio a la tarea de explicar pacientemente y sobre bases de conocimiento, los así llamados "signos sobrenaturales" a través de los cuales se identificaba a las brujas. Cuando este conocimiento resultaba inadecuado para describir los fenómenos conductuales como en el caso de las alucinaciones, atribuía estos fenómenos a una combinación de factores naturales y sobrenaturales. Puesto que él también vivía en esta época, pensaba genuinamente que el demonio participaba de alguna manera en la manifestación del comportamiento humano.

El libro ya mencionado, fue incluido en el *Index Liborum Prohibitorum*, hasta principios del Siglo XX. Wier "niega que el mismo Demonio ponga su poder al servicio de éstas [las supuestas brujas] y que, por lo tanto, se verifiquen realmente sus propósitos y que tenga lugar el pacto de mutuo acuerdo. El Demonio lo único que hace es engañarlas, apoderándose de su espíritu" (Quétel, 2012, p. 85). Ahora bien, se comprende que para esto "escoge a la gente más propicia, o sea los débiles, melancólicos, ignorantes, maliciosos, etc. Y como éstos abundan más entre las mujeres que entre los hombres, es natural también que entre ellas haya más captadas" (Quétel,

2012, p. 85). Se puede afirmar que hubo muchos *locos melancólicos* que terminaron en la hoguera debido a cuestionamientos poco esclarecedores sobre las causas etiológicas de estos estados.

Weyer se caracterizó por la minuciosidad de sus observaciones clínicas atestiguando y afirmando que no todos los melancólicos están atormentados por el demonio; por el contrario, suele ocurrir que su espíritu esté invadido por otras condiciones emocionales. Sus aproximaciones terapéuticas con los enfermos melancólicos son un ejemplo en el estilo de comunicación y de indagación sobre la historia del padecimiento, así como también de las recomendaciones de lo que con posteridad se conocería como psicoterapia. Su contribución a la psiquiatría fue verdaderamente excepcional y única.

Timothy Bright (1551-1615). La importancia del escrito *A treatise of Melancholie* de este autor consiste en compilar las causas, efectos y tratamiento de la melancolía; no aporta novedad alguna comparado con lo ya escrito, sin embargo, adelanta conceptos sobre la relación médico-paciente y la actitud que promueve la transferencia, conceptos de suma importancia para la posteridad. Se piensa que su tratado inspiró a Shakespeare para definir las características fisonómicas y emocionales de Hamlet y el de Otelo.

> "Bright deja constancia de las 'diversas maneras de entender la palabra melancolía': (a) la melancolía como enfermedad, 'un determinado estado de ánimo lleno de temores que altera la razón', y (b) la melancolía como humor, 'un humor del cuerpo' que es la causa de que la razón se 'deprave' [...] A su vez este humor era de dos tipos: (1) melancolía natural, y (2) melancolía no natural. (Jackson, 1989, p. 85)

Bright ejerció una gran influencia en el pensamiento y concepción de la melancolía en Inglaterra; pasó a la posteridad debido a que fue la primera obra inglesa renacentista sobre enfermedad mental.

ANATOMÍA DE LA MELANCOLÍA

La indagación documental para realizar este trabajo quedaría trunca si no se comenta un texto cuya influencia fue relevante para la literatura médica y el Renacimiento Inglés: *Anatomía de la melancolía y naturaleza de la misma, con todas sus causas, síntomas y pronósticos y diversos medios de curarla* (1621). La primera versión de este tratado enciclopédico fue firmada con el seudónimo de Demócrito Junior en honor al filósofo que, seguramente recordarán por la famosa visita que Hipócrates le hizo a Demócrito de Abdera a causa de su "locura". Demócrito fue conocido como el filósofo sonriente en oposición a Heráclito, otro melancólico, cuyos pesares y lamentaciones le ganaron el calificativo de "llorón".

Estudiado desde distintas vertientes científicas, *Anatomía de la Melancolía* se considera un trabajo enciclopédico, filosófico, médico e histórico. El texto, una revisión concienzuda que compendia dos mil años del saber médico y filosófico, fue editado en tres volúmenes debido al extenso contenido y a las adendas que el mismo autor incluyó después de su primera edición. Con todo y ser un indiscutible libro de consulta, por su amplitud no ha sido traducido a muchos idiomas aunque es un referente constante. Stanley Jackson en su libro *Historia de la Melancolía y la depresión,* incluye la definición que Burton hace de melancolía:

> "una especie de chochez sin fiebre, normalmente acompañada por miedo y tristeza, sin razón aparente". 'Chochez, según du Laurens, significa que alguna facultad mental principal, como la imaginación o la razón, está viciada, como ocurre a todas las personas melancólicas' […] "el miedo y la tristeza la diferencian de la locura [manía]" (Jackson, 1989, p. 94)

En español existen dos traducciones parciales correspondientes a una selección de la primera partición como se llama la primera parte del escrito; la más antigua de ellas data del año 1947 por Espasa Calpe y la segunda traducción se realizó en el año 2008 por Ediciones Winograd. En el prólogo de la versión de 1947 se comenta que

> "es un tratado de innegable interés y no escaso valor científico. Sólo que a ese interés se opone, como serio obstáculo que hace dificultosa la lectura, el fárrago de citas latinas de que está atestada cada página, resultado de la excesiva escrupulosidad del autor en mostrar las fuentes bibliográficas de que se valió, entre las que figura el famoso Tratado del alma del gran humanista español Luis Vives" (Burton, 1947)

El prólogo a la segunda traducción de 2008 señala que el contenido del texto "tiene como tema central las causas del humor melancólico, que van desde Dios hasta los demonios, pasando por la dieta, el clima, los infortunios, los vicios, el temor, la soledad, la tendencia a los excesos y otros factores variados e insólitos. Pero hay dos clases de melancolía en Burton: "La *disposición melancólica*, el estado de ánimo pasajero de dulce tristeza que todos alguna vez experimentamos, y el *hábito melancólico*, la condición crónica que aqueja a la persona de manera permanente" (Burton, 2008). Estas dos circunstancias se vinculan, como es natural, con otras denominaciones más antiguas correspondientes a *melancolía natural y melancolía adusta;* también se utilizan las expresiones *estar melancólico y ser melancólico.* Recordando los primeros conceptos sobre melancolía, observamos en ellas un sentido unívoco: el de la *physis melancólica*, que puede ser episódica y no repetirse; así como el *furor melancólico*, más grave, repetitivo, crónico y provocar estados de obnubilación, errores de juicio y llegar al suicidio como en los varios ejemplos utilizados por Aristóteles al referirse a los personajes heroicos.

Robert Burton, identificado como el melancólico más importante de su tiempo, dedicó prácticamente toda su vida a escribir *Anatomía de la Melancolía.* Puede afirmarse, sin lugar a dudas, que también murió de melancolía. A través de los libros conoció todas las bibliotecas importantes, ciudades y culturas distantes; aprendió y enriqueció su conocimiento, compiló citas, estudió filosofía, medicina y teología de manera autodidacta, prácticamente sin salir de Oxford lugar en que pasó la mayor parte de su vida.

Su obra, calificada como densa y de difícil lectura, revela una disciplina llevada al extremo en lo que concierne a las citas de los autores mencionados a lo largo de esta obra; muchos investigadores califican a Burton como un maniático de la citación; pero esta conducta obsesiva es, justamente, la que remite al lector a las fuentes originales y así evitar confusiones en las que se le otorgue el crédito que pertenece a otros autores.

> "Desvarío, fatuidad o folía, es el nombre común de todas las especies que vienen a continuación, al decir de algunos. Laurencio y Altomare colocaron a la locura, melancolía y lo demás bajo este nombre y la llaman súmmum genus de todas ellas. Si hay que distinguirlas de ellas, es natural o ingénita y viene de de algún defecto en los órganos y sobre todo del cerebro, como vemos en los tontos comunes; y es las más de las veces latente o intermitente en algunos en particular, con lo cual se ponen más cuerdos que otros: o si no es adquirida, un apéndice o síntoma de otra dolencia, que viene o va; o, si continúa, señal de la melancolía misma" (Burton, 2008, p. 113)

Al igual que Areteo, Celso, Galeno y Avicena, Burton compendia el conocimiento válido hasta ese momento. La definición de melancolía no difiere de las expresadas con anterioridad y lo destacable para su tiempo consiste en afirmar que la melancolía corresponde a las dolencias de la cabeza; que su sede natural se encuentra en el cerebro. Distingue melancolía y locura: "La locura se define pues como un desvarío vehemente, un delirio sin fiebre, mucho más violenta que la melancolía, llena de ira y clamor, con mucho mayor vehemencia en cuerpo y mente, sin ningún temor ni dolor, con tan impetuosa fuerza y movimiento que a veces tres o cuatro hombres no pueden sujetarlos" (Burton, 2008, p. 114)

Lo que permanece inmutable es la diversidad de atribuciones sintomáticas del estado melancólico que "es sobre todo triste, pero no incapaz de vivir;

arrostra a la muerte, pero no corre a su encuentro. Todo el mundo considera totalmente natural que el melancólico sea triste; no preguntan por los motivos de la tristeza, sino que encasillan a la persona entre los demás: es igual a los otros, pero da la casualidad de que está triste" (Földényi, 2008, p. 165). Y esta tristeza perdura, confunde, se minimiza o pasa inadvertida para el observador, no se interroga, se clasifica.

EL ENCIERRO: EXCLUSIÓN SOCIAL DE LOS LOCOS

El movimiento de creación formal de instituciones fundadas para enfermos mentales se remontan a fines del Medievo e inicio del Renacimiento, épocas en las que los enfermos mentales eran simples pasajeros imaginarios, locos cuya sabiduría interna era percibida como una manifestación animal del ser humano, así como un vicio dentro del cuerpo. Durante el ocaso del iluminismo y de la edad de la razón se recluía al *insano* en asilos donde permanecían encadenados y sometidos a tratamientos brutales, donde no se podía distinguir de qué lado se ubicaba la animalidad. Este tipo de reclusión fue resultado de la incapacidad de la sociedad europea para contender con la problemática que demandaba esta población. Lo que acontece en este tiempo puede entenderse como un espejo donde el ser humano se ve reflejado en una imagen invertida y distorsionada. El movimiento asilar tuvo como efecto transferir la responsabilidad de la familia al asilo; los locos también fueron removidos de su entorno social y encerrados con otras personas con manifestaciones semejantes, los lunáticos a su vez, al ser removidos de sus lugares de acogida, adquirieron un estatuto de víctimas como resultado de su condición mental.

Durante el siglo XIV se crearon diversas instituciones para tratar, o más bien dicho, para custodiar a los enfermos mentales. Se conoce que en el floreciente periodo de la medicina árabe se crearon lugares especiales como el edificado en Granada en el año 1365. En el transcurso del tiempo bajo la influencia que ejercieron los árabes sobre España, se identificará un gran número de similitudes con el que se considera el primer hospital para albergar solamente a estos enfermos. Erigido en Valencia, España, en 1407, el proyecto se gestó por iniciativa de un clérigo del lugar, quien cansado de las mofas y exagerado maltrato físico hacia estas personas, solicitó la participación de sus feligreses para construir el hospital. La respuesta fue entusiasta y la obra se terminó un año después. En el periodo que corresponde a los años 1412 a 1489, surgen cinco hospitales más en varias ciudades de España. En el año de 1567 bajo la influencia española tienen lugar

> "dos acontecimientos de tipo asistencial que son: La fundación de San Hipólito por Bernardino de Álvarez (que aún no era fraile), y el insólito caso del carpintero José Sáyago, al convertir su propia casa en asilo de alienados. Alrededor de estos dos hechos se mueve toda la psiquiatría colonial histórica casi siempre ausente de figuras médicas y movida por la compasión y la caridad de particulares o instituciones monásticas" (Somolinos D'Ardois, 1976, p. 40)

Se puede inferir que no existía un tratamiento hospitalario que fuese diferente al de tipo ambulatorio que podía otorgarse en casas de trabajo, en la casa familiar o en algunos monasterios. No podemos afirmar que se hayan observado avances significativos en los hospitales creados exprofeso para esta población, salvo que en ellos predominaba la caridad al prójimo y, si no existía violencia de por medio, bien puede ser que al menos se haya dado un trato más humano. Pero no se dispone de datos fidedignos que avalen esta consideración.

En el siglo XVI no hubo avances significativos en el tratamiento de los enfermos mentales quienes continuaban siendo objeto de rechazo social, de reclusión y escarnio. Los hospitales donde se encontraban confinados representaban un porcentaje insignificante comparativamente con el resto de personas que, por ley, debían mantenerse recluidas puesto que la mendicidad, vagancia, asaltos y estafas eran penalizadas. "Se tiene la impresión de que dos experiencias de locura se yuxtaponen en los siglos XVII y XVIII. Los médicos de la época siguiente no han sido sensibles mas que al 'patetismo' general de los alienados [...] no hay ninguna diferencia entre las celdas de Bicêtre y la salas del Hôtel-Dieu, entre Bedlam y cualquier *workhouse*" (Foucault, 1998, p. 183). Los temas que nos ocupan impiden realizar un seguimiento puntual de los hospitales existentes y sus características, por ello, solo efectuaremos comentarios sobresalientes de algunos de ellos en función de lo que acontecía al interior de sus muros.

> "'Bedlehem', 'Bedleem' e incluso 'Bedlam' (casa de locos), parecen ser denominaciones que tienen un mismo origen: Bethlehem (Belén) o Bethlem. Estas distintas denominaciones corresponden a la forma coloquial que denominaba al hospital mismo o al "caos irracional [...] Lo absurdo e irracional que acontecía en Bedlam, debía distinguirse de otras formas de insanía, tales como perder los estribos, debilidad cerebral, frenitis, afecciones melancólicas, furia y ataques frenéticos" (Andrews, J., 1997, p. 131)

La documentación sobre el hospital de Bethelem, en Londres, revela cómo los pacientes internados en ese lugar eran exhibidos al público por el pago de unas cuantas monedas.

Esta actitud se generalizó en la mayoría de administradores de hospitales e incluso no fue ajena a los que dependían directamente de órdenes religiosas. Ante esta situación caracterizada por el internamiento de enfermos sin propuestas terapéuticas relevantes, el interés público aunado al de algunos médicos, dan lugar a la emergencia de reformas a lo largo de Europa.

EL HUMANISMO: CHIARUGI, PINEL Y ESQUIROL

Este período comprende el final del Siglo XVIII y primeros años del siglo XIX. Las figuras más sobresalientes de este periodo están representadas por Vicenzo Chiarugi y Felipe Pinel.

Chiarugi amalgamó los conceptos aristotélicos, tomistas y los conceptos modernos. Consideraba que la melancolía era una entidad todavía no bien definida y que convenía poner mayor énfasis en los criterios diagnósticos para definirla y diferenciarla de otros trastornos psiquiátricos. Chiarugi introduce reformas humanitarias en los hospitales de enfermos mentales a través de acciones novedosas como la prohibición del uso de cadenas como medio de contención para los pacientes. Sus planteamientos pasaron desapercibidos hasta ser reevaluados durante el siglo XX. Se considera que su pensamiento humanista fue un verdadero parteaguas en la historia de la psiquiatría. Chiatugi dirigió su atención para definir el diagnóstico, el proceso de evaluación y considerar la existencia de tres categorías de enfermedad mental: Melancolía, (insania parcial); manía, (insania general) y Amencia (funcionamiento anormal de la voluntad y del intelecto).

Phillipe Pinel es considerado el padre de la psiquiatría moderna por difundir y poner en práctica las reformas preconizadas por Chiarugi y Tuke; también por promover la aplicación de nuevas formas de funcionamiento y actitudes de asilo humanitario. Terminada la revolución francesa, Pinel es nombrado director del hospital La Bicêtre, lugar en que prohíbe el uso de grilletes y cadenas, saca a los enfermos de las mazmorras y los reubica en salas iluminadas, resaltando la importancia del ejercicio físico. En 1795 es nombrado director del Hospital de la Pitié-Salpêtrière, lugar donde continúa con las mismas medidas terapéuticas.

Pinel describió 4 tipos de insania: 1. Melancolía. Trastorno en el funcionamiento intelectual; 2. Manía. Excitación nerviosa excesiva con o sin delirio; 3. Demencia. Trastorno en los procesos de pensamiento; 4. Idiocia. Obliteración de los afectos y de las facultades mentales. Nos reencontramos de nueva cuenta con la manía y melancolía.

Además de su función como director de estos hospitales, Pinel escribió entre otros textos *Nosografía filosófica* y su conocido *Tratado médico-filosófico sobre la enajenación mental o la manía.* Entre muchas otras observaciones y reflexiones escribe:

Dos formas diversas que puede tomar el delirio melancólico

"No hay cosa más difícil de explicar, y sin embargo no hay cosa que esté mejor comprobada que las dos formas opuestas que puede adoptar la melancolía, la qual unas veces es un orgullo extremado y una idea quimérica de poseer inmensas riquezas, o de tener un poder ilimitado, y otras el abatimiento más pusilánime, una consternación profunda, u aun también la desesperación. En los hospitales de locos se presentan freqüentes casos de estos dos extremos" (Pinel, 1804, p. 213-214)

Carácter específico de la manía con delirio

"Esta es continua o periódica con repeticiones regulares o irregulares de los paroxismos, y se caracteriza tanto en lo moral como en lo físico, por una fuerte excitación nerviosa, y por la lesión de una o muchas funciones del entendimiento, con emociones alegres o tristes, extravagantes o furiosas" (Pinel, 1804, p. 235). Aunado a su desempeño clínico y la observación meticulosa de los casos contenidos en este texto histórico, Pinel da un nuevo impulso a la manía como sinónimo de alienación y dedica parte de su obra al tema de la melancolía, ahora desde una perspectiva que permite vislumbrar nuevos derroteros en el devenir de la medicina desde su vertiente emocional, y de los procesos terapéuticos que coadyuvan a la curación o al control de la enfermedad. Las alteraciones emocionales se convierten en objeto de estudio en lo que se puede llamar *Escuelas de pensamiento médico.*

ESCUELAS DEL PENSAMIENTO MÉDICO SIGLO XVIII

La escuela francesa. Dirige su interés al estudio del paciente, es decir, a identificar y describir los síntomas; la estrecha relación que ahora identifica dos ciencias como la neurología y la psiquiatría. Entre los miembros pertenecientes a esta escuela se encuentran el propio Pinel; Esquirol, discípulo de Pinel, Falret y su famosa descripción de insania cíclica o *locura circular;* Baillarger y sus estudios sobre las alucinaciones y Leuret por sus aportaciones sobre los procesos de pensamiento, anticipándose al concepto de disociación esquizofrénica.

La escuela británica. En el siglo XVIII la insania se entendía solamente a partir de los planteamientos que concebían a las ilusiones o alucinaciones como una forma errónea de pensamiento. Al inicio del siguiente siglo, la revolución industrial trajo consigo nuevos retos que dieron lugar al planteamiento de nuevas teorías. "Los casos de demencia fueron más perceptibles y quienes la padecían no manifestaban ilusiones; su conducta era hosca, irritables y en ocasiones furiosos. Los ingleses promulgaron leyes que regían el funcionamiento y tratamiento a impartir en los establecimientos para las personas aquejadas por insania moral" (Augstein, 1996). Prichard fue el primer médico en utilizar el término demencia senil en idioma inglés.

La primera mitad del siglo XIX se caracterizó fundamentalmente por retomar su experiencia en la construcción de hospitales y destacar la importancia de poner en práctica requerimientos funcionales para cumplimentar las necesidades de esta población. En continuidad con el pensamiento humanista de respeto a la persona y del tratamiento mora; esta escuela continúa con los preceptos que William Tuke tomó de un médico inglés (W. Battie) quien elimina las medidas de fuerza en el trato de los enfermos mentales y crea una línea de tratamiento basado en el trato humanitario, el *Moral Management*

1791. Su enseñanza tuvo su máximo exponente en el reputado *El Retiro de York (Retreat of York)* fundado por el mismo W. Tuke en 1796. Se describe como un modelo de tratamiento en el que 30 pacientes fueron tratados como huéspedes; con consideración, comprensión y en algunos casos regresaron al hogar. Esta experiencia tuvo buenos resultados y gran aceptación en la comunidad británica. Aunque distantes en tiempo, la experiencia del *Retiro*, nos presenta el reverso de la moneda cuando se compara con los sucesos poco agradables del hospital Bedlam.

La escuela alemana. Estuvo Influenciada por el romanticismo propio del pensamiento del filósofo Schelling; se caracterizó por retomar los principios teológicos de piedad y caridad al prójimo que en cierta medida retardaron la separación de la filosofía y psicología. Johann Christian Heinroth fue el primer médico que utilizó el término 'psicosomático' para referirse a las manifestaciones derivadas de conflictos emocionales que identificó como los causantes de un monto importante de culpa y la aparición de enfermedades mentales en las que las pasiones y los sentimientos de frustración desempeñaban un papel importante. También fueron descritos estados pisconeuróticos por Johann Christian Reil, quien también esbozó los lineamientos psicoterapéuticos para contender con emociones de gran intensidad como temor, disgusto y dolor.

Jean Etienne Esquirol (1772-1840). En la historia de las enfermedades mentales se menciona que el clínico sucedió al filántropo. Con ello se intenta decir que si Pinel delimitó el espacio del asilo, Esquirol preparó el jardín de las especies. Esta innovación es muy criticada por M. Foucault, pero es alabada por los clínicos clásicos. Así define Esquirol la nueva forma de tratamiento que aprendió de Pinel: "tratamiento moral: es la aplicación de las facultades del entendimiento y de las conmociones morales al tratamiento de la alienación mental; todo lo demás pertenece a la higiene moral o a los medicamentos" (Esquirol, 2013, p. 156). Característico de Esquirol fue el profundo interés que dedicó al estudio y observación clínica de los síntomas de la locura en pacientes que atendió a lo largo de casi 40 años.

Derivado de su compromiso, más que describir los trastornos de acuerdo a la clasificación existente, se ocupó por establecer un nuevo orden nosológico surgido acorde a su propia experiencia, a su devoción por mejorar los tratamientos imperantes y realizar aportes innovadores que no fuesen una mezcla de las antiguas teorías humorales. Divide a la antigua melancolía en dos tipos: lypemanía y monomanía —depresión y psicosis delirante crónica— en sus palabras

> "La monomanía se caracteriza por una pasión alegre o triste, excitante u opresiva, produce un delirio fijo y permanente de deseos y determinaciones relativas al carácter de la pasión dominante, se divide naturalmente en la monomanía propiamente dicha, y tiene por signo característico un delirio parcial y una pasión excitante o alegre, y en monomanía caracterizada por un delirio parcial y una pasión triste y opresiva... La segunda corresponde a la melancolía de los antiguos... a la melancolía con delirio de Pinel. A pesar del temor de que se considere un neologismo, yo le doy el nombre de monomanía" (Lefebvre, 1988, p. 169).

En 1805 Esquirol publica *Las pasiones consideradas como causas, síntomas y remedios de la alienación mental*. En este escrito Esquirol le otorga un lugar importante al papel que desempeñan las pasiones en el origen de la alienación.

> "En los países meridionales, la manía es más frecuente que en el norte y posee caracteres dependientes de la influencia del clima: la primavera y el verano estimulan la energía de las facultades físicas e intelectuales, despiertan las pasiones y las inducen más actividad, de modo que predisponen de modo muy particular a la manía. Las vicisitudes atmosféricas, que modifican el estado físico y moral del hombre, contribuyen también a alterar a los alienados. El que, al llegar el otoño, se encuentra ya inquieto y atormentado con ideas tristes, acaba por volverse muy pronto melancólico. Los pueblos en los que la civilización está más avanzada, allí donde las facultades intelectuales se han

desarrollado más, poseen pasiones más vehementes, más impetuosas, más variadas; en ellos las pasiones ficticias juegan el papel más importante, de forma que la alienación con todos sus matices asediará al hombre. También esta enfermedad es más frecuente en los pueblos civilizados, más en las ciudades que en el campo, más en las capitales que en las ciudades de segundo orden" (Esquirol, 2013, p. 161)

Al igual que Pinel, Esquirol pensaba que a los alienados les quedaba algo de razón y que en ciertos momentos se podía dialogar con ellos sobre su enfermedad. El alumno preferido de Pinel, enarbola la bandera del tratamiento moral. Dedicó tiempo a la construcción y mejora de hospitales para alienados, luchó afanosamente en la aprobación de nuevas leyes que no sólo albergaran a los enfermos, sino que fuesen tratados con empatía y compromiso de acuerdo con los lineamientos de tratamiento moral y también, para que se promulgara la famosa ley de 1838 para disponer de un asilo en cada uno de las provincias o departamentos del país.

Esquirol también escribió un tratado *Sobre las Enfermedades Mentales (Des maladies mentales)* que rápidamente se consideró como un libro de texto, al utilizar un lenguaje claro y comprensible y por incluir 27 grabados ilustrando el mismo número de casos. Su influencia abarcó la última década del siglo a través de sus discípulos, entre los que sobresalen: J. Baillarger quien en 1854 definió el Síndrome de "locura circular", nombre genérico otorgado a las psicosis maniaco-depresiva; Destaca también Jean Pierre Falret quien se ocupó de realizar estudios sobre suicidio. Temas estrechamente vinculados con los propósitos de este trabajo.

ALEMANIA Y LA PSIQUIATRÍA PREDINÁMICA

Los avances en el campo de las enfermedades mentales durante la primera mitad del siglo XIX, aunque abundantes en casos que demandan buena voluntad, aun no disponen de un avance científico que los avale —comparativamente con el avance que se experimenta en la medicina en general— aunque retrospectivamente pueden ser identificados en el contexto de un tiempo en que de manera vehemente se buscan alternativas más efectivas. Es notorio un avance modesto que corresponde a una etapa que intenta capturar una forma distinta de pensamiento filosófico y adquirir una identidad propia.

Las páginas anteriores dan cuenta de varias características que detallan poco a poco el nacimiento de la psiquiatría; baste citar como ejemplos, primero, la paulatina separación aun no completa entre filosofía y medicina; segundo, la figura del alienista, como encargado de la custodia de los alienados y como responsable de las medidas terapéuticas que garantizan un trato humano y, finalmente, el futuro advenimiento de la psiquiatría que, en la figura del médico "especializado" tiene a su primer representante.

Johann Christian Heinroth (1773–1843). De origen alemán, estudió medicina en Leipzig y se graduó en 1805. Escribió un libro titulado *Trastornos de la vida mental y del alma*. Fue el primer médico que utilizó el término *psicosomático* en el contexto de lo que conocemos como medicina psicosomática; en su obra destaca los factores biológico, psicológico y social y los lleva a la práctica en su ejercicio profesional.

> "Aunque no se le ha otorgado el reconocimiento que se debe; la documentación existente comprueba que la práctica de la medicina psicosomática es tan antigua como la medicina misma. En el siglo IV a.C. Platón ya decía que no se debe priorizar la curación del cuerpo sin tomar en cuenta el alma. La palabra *psicosomático* fue introducida en la literatura médica al menos 80 años antes de Sigmund Freud" (Steinberg, 2013, p. 11)

Este concepto trinitario involucra la unidad del ser humano sin privilegiar ningún componente.

> "Quienes consideran a su *yo* no sólo como un ser físico sino también mental... saben que no solo la mitad de salud, ni que la totalidad de ella sea la mitad de todo su ser... de la misma manera que su *yo* interior y exterior, físico y mental son uno, así también, su *yo* y su vida... su sentimiento de salud comprende a su cuerpo y alma, y se sienten bien y saludables solo si tienen un confortable estado de ánimo interior y exterior" (Heinroth, 1818, citado por Steinberg, p. 1)

En esta referencia se pueden identificar tres niveles psicológicos: un *yo* no sólo físico, sino *mental;* también un *yo* con predominio de los instintos *ello,* y finalmente la parte moral luterana siempre presente en toda su obra, entendida como 'conciencia moral´ o *superyó.*

> "La enfermedad es solo el producto y la consecuencia final de una vida completamente mal encausada, antinatural- mental y somáticamente durante largo tiempo, excesiva y sobrevalorada en sí misma por lo que al final la furia del organismo es sólo la manifestación externa del estado interior [...] Los médicos necesitan tomar en cuenta la personalidad y el estado físico de los pacientes, considerando la personalidad del enfermo en su totalidad; por ejemplo, su carácter, su educación mental, lo que le place y lo que le disgusta y también sus costumbres" (Steinberg, 2013, p. 13)

Heinroth es considerado como uno de los precursores relevantes de la de la psiquiatría predinámica y también como uno de los primeros en propugnar la indagación de componentes emocionales como causa de la enfermedad mental. Sus recomendaciones terapéuticas pueden ser consideradas como el inicio de la psicoterapia formal.

Durante la segunda mitad del siglo XIX, todos los médicos y filósofos de la escuela alemana, participaron de manera entusiasta en la idea de transformar el saber psiquiátrico en un saber acorde a los cambios que experimentaba el campo de la medicina y los importantes avances en las ciencias en general.

Dentro de este movimiento destaca Wilhem Griesinger, quien considera que los afectos psíquicos eran enfermedades cerebrales. Acuciado por la inquietud imperante, escribe el texto *Patología y Terapéutica mentales* (1845). En opinión de varios estudiosos de la época, el texto se reconoce como el documento fundacional de la psiquiatría científica alemana.

Considera que el origen de la enfermedad tiene como sustento los componentes hereditarios y otros factores predisponentes como el componente orgánico y otros factores como el proceso de crianza, los factores relacionados con las emociones intensas, la pasión y, señala también, que las emociones que se observan ante la muerte de personas queridas, tienen influencia sobre el flujo de la sangre hacia el cerebro y pueden afectar su funcionamiento. En el prefacio a la segunda edición escribe:

> "Lo estrictamente médico del trastorno mental aunado al conocimiento de la morbilidad de los síntomas mentales, recibirá primero la aceptación general de modo muy conveniente, puesto que los administradores de los asilos ya no podrán llamarse a sí mismos psicólogos médicos; por la que esa grandilocuencia fantástica sobre el mundo espiritual que aún resuena en la literatura psicológica, pronto dará lugar a una clara y moderada observación médica" (Griesinger, 1882).

Metódicamente describe sus observaciones reflexiones sobre los Estados de la Depresión Mental-Melancolía. Desglosados en:

I. Hipocondriasis; II. Melancolía en un Sentido más Limitado; III. Melancolía con Estupor; IV. Melancolía con Tendencias Destructivas: Con Tendencias Suicidas y Con Tendencias Destructivas y Asesinas y V. Melancolía con Excitación Persistente de la Voluntad.

II. Estados de exaltación Mental: *Manía y Monomanía y*

III. Estados de Debilidad Mental. I. Manía Crónica (Die

Verrücktheit; La Folie systematisée); II. Demencia; III. Demencia Apática; IV. Idiocia y Cretinismo: General y Endémico.

Al referirse a la expresión *depresión mental* Griesinger comenta que su uso no debe interpretarse literalmente; es decir, que se entienda como falta de interés o debilidad para poner en acción los procesos mentales y cerebrales, afirma que por el contrario, "tenemos muchos más motivos para suponer que los más violentos estados de irritación del cerebro y de excitación en los procesos mentales son aquí muy a menudo la causa; pero el resultado general de estos procesos (mentales y cerebrales) es la depresión o un doloroso estado mental". La observación clínica que tanto recomienda, pone de manifiesto que la gran mayoría de las enfermedades mentales comienzan con una sacudida emocional profundamente dolorosa que constituye el pródromo inicial del trastorno que se caracteriza por

> "inquietud, una vaga sensación de malestar generalizado, ideación de volverse loco, y un estado de aflicción y dolor mental persistente […] este es el trastorno esencial de la melancolía y en lo que concierne al paciente, el dolor mental consiste en un profundo sentimiento de malestar, incapacidad para hacer cualquier actividad, depresión, tristeza y, total degradación de la conciencia personal" (Griesinger, 1882, p. 146- 156)

La opinión prevalente sobre la melancolía y estados de enfermedad asociados reitera que en estos casos se trata de una enfermedad única donde las de menor gravedad corresponden al periodo de inicio, y puesto que es un proceso continuo, puede llegar a un estadio donde no se reconocen sus antiguos atributos, así, cuanto más vaga y permanente sea la excitación, "menos nos vemos inclinados a considerar esta enfermedad como melancolía y más se acerca a la forma de la manía" (Jackson, 1986, p. 156).

Richard von Krafft-Ebing

En el avance constante del conocimiento de las enfermedades mentales donde el término psiquiatría aparece con mayor frecuencia en la escuela alemana, destaca otro médico importante: Richard von Krafft-Ebing (1840-1902). Estudió en la Universidad de Heilderberg y ahí mismo se especializó en psiquiatría; al igual que Pinel, Esquirol y Griesinger, realizó sus prácticas en un ambiente asilar para alienados. Deduce que los trastornos mentales tienen su sede en el cerebro y partiendo de esta base de pensamiento comenta que sin duda alguna los trastornos de las funciones psíquicas que se presentan en la insania, son expresiones de los cambios que experimenta la corteza cerebral. Este y muchos otros conceptos más están plasmados en un extenso libro publicado en 1904 bajo el título de *Text-Book of Insanity*.

El capítulo VI del libro sobre insania, deja constancia sobre la importancia del Estudio de la psiquiatría como rama de la ciencia médica: "Su relación con la teología y psiquiatría es interesante, pues muestra el origen psicopático de numerosos fallos de religiones que históricamente muestran cómo muchos de los misteriosos actos de personajes relevantes, encuentran una verdadera explicación a sus condiciones psicopáticas (Krafft-Ebing, R., 1904, p. 24). Como consta en diversos estudios se puede comprobar que esta obra —igual que las consignadas con anterioridad— tuvo un gran impacto y buen recibimiento durante la segunda mitad del siglo XIX. Insiste en que la sede de los trastornos mentales siguen las leyes generales de la fisiología y patología del sistema nervioso; sin embargo, precisa que en la esfera mental no es conveniente trazar una línea divisoria puesto que el componente clínico involucra la esfera intelectual, las emociones, sentimientos, afectos y manifestaciones de irritabilidad anormal.

Krafft-Ebing ubica a la melancolía y manía en el rubro de las psiconeurosis entendidas como *psicosis funcionales*. "El fenómeno fundamental de la melancolía consiste en una dolorosa depresión emocional que no tiene una causa externa o bien, es insuficiente, y la inhibición de las actividades mentales pueden estar completamente interrumpidas" (Krafft-Ebing, 1904, p. 286). Sobre la manía escribe que "se manifiesta por una alteración del estado de conciencia con un visible predominio de un estado emocional alegre, rapidez de pensamiento que puede alcanzar tal grado de intensidad que altere el control y procesamiento de ideas; sin embargo, el placer experimentado por el paciente es mayor y se acompaña de pérdida de inhibición" (Krafft-Ebing, 1904, p. 312). Considera que la melancolía puede presentarse sin delirio; sin embargo, con cierta frecuencia pueden observarse ideas delirantes. Identifica que la manifestación más comúnmente observada en los enfermos melancólicos corresponde a delirios de culpa estrechamente emparentados con manifestaciones paranoicas como ideas de persecución, excitación, temor, agresividad y violencia, que puede llegar a situaciones extremas como homicidio y suicidio. La posibilidad de suicidio o de muerte en este periodo pierde su carácter poético y se apoya sobre la base real de una etapa melancólica más grave.

Clasificación de los estados melancólicos

Melancolía simple. Los síntomas del trastorno son eminentemente psíquicos debidos a procesos mentales dolorosos no inducidos orgánicamente. El estado de conciencia no se ve afectado y la manifestación sobresaliente es la pasividad. De acuerdo con el autor, puede haber casos transicionales a formas más severas.

Melancolía sin delirio. La figura clínica se limita a anormalidades de la voluntad y sentimientos, acompañados de un trastorno normal de pensamiento. Esta variante de melancolía puede pasar inadvertida y se puede considerar como un episodio depresivo leve.

Melancolía con angustia precordial. Se presenta sin delirio o alucinaciones.

Es más frecuente por las mañanas; puede ser un estado prolongado que anuncie la emergencia de la ansiedad que es el síntoma más frecuente en este trastorno.

Melancolía con delirio y alteraciones en la percepción. Generalmente se presentan en el transcurso del padecimiento; representan el punto máximo del trastorno. En contraste con las alucinaciones de orden primario y las de tipo paranóico, con frecuencia son producto del esfuerzo por justificar un estado de conciencia anormal.

Manía. Durante la etapa de exaltación maníaca puede haber perturbaciones en el contenido del pensamiento que en su mayor parte son episódicas y consisten en una representación alegórica acompañada de de una sensación intensificada de auto magnificencia. De vez en cuando, el paciente se compara a sí mismo con una personalidad distinguida sin identificarse a sí mismo con el individuo (1904 p. 314). Resultante de sus observaciones clínicas se infiere que durante las fases de manía, los estados de conciencia pueden estar poco alterados y que los estado de exaltación maniaca pueden acompañarse de alucinaciones, generalmente pasajeras en oposición a los delirios que pueden iniciarse rápidamente debido al incremento de la actividad mental.

Krafft-Ebing también escribió un libro de vanguardia para su época: *Psychopatia Sexualis*, en el que aborda reflexiones sobre el placer sexual en las mujeres, homosexualidad, necrofilia, pedofilia, sadismo y masoquismo; términos acuñados por él, así como conceptos teóricos importantes no sólo en sexología, sino de importancia para la psicología general que fueron utilizados con posteridad por Freud y Jung entre otros.

En la segunda mitad del siglo XIX Alemania representa "el país" donde se debe estudiar medicina y psiquiatría. Los avances logrados en otras ramas de la medicina como la anatomía, neuroanatomía, fisiología, microbiología, las teorías infecciosas de enfermedad, cirugía y otras áreas más, repercuten en el campo de la psiquiatría y, por ello, a finales del siglo XIX adquiere un estatuto científico.

EMIL KRAEPELIN, SIGMUND FREUD, ADOLPH MEYER Y HENRI EY

El arribo del siglo XX dio inicio a un "despertar" de nuevos conceptos teóricos y técnicos de tratamiento representados por dos figuras gigantescas que ejercerían gran influencia en el pensamiento de este periodo: Emil Kraepelin en el campo de la psiquiatría y Sigmund Freud en el correspondiente a la psicología. Ambos personajes nacen en el mismo año y en el transcurso del tiempo comparten ideas sobre sus planteamientos teóricos, aunque sin coincidir en sus puntos de vista, particularmente en la exposición de sus conceptos sobre melancolía. El estudio y reflexiones de esta entidad clínica constituye un tema de trabajo desde posturas teóricas diferentes.

Emil Kraepelin (1856-1926) puede ser considerado el último representante de la escuela psiquiátrica predinámica. El desarrollo de sus conceptos clínicos quedó plasmado en sus escritos que tienen como inicio un sencillo texto editado en 1883 que llamó *Compendium,* que enriqueció con nuevas aportaciones a lo largo de ocho ediciones en alemán; la última de ellas constaba de 2,500 páginas. Kraepelin se manifiesta como figura sobresaliente en la segunda mitad del siglo XIX y una de las principales del siglo XX debido al gran impacto y aceptación que tuvo su *Text-Book of Psychiatry.* En 1971 se editó en México una edición en castellano con el nombre de *Introducción a la Clínica Psiquiátrica.*

De forma semejante a sus predecesores, los conceptos teóricos tienen como sustento una ordenada y sistemática observación clínica de los enfermos hospitalizados. Tomó nota y examinó el comportamiento de los pacientes; revisó una gran cantidad de expedientes y con base en el contenido, procedió a realizar una clasificación de los procesos psíquicos. Todo el conocimiento obtenido de la indagación y reflexión sobre sus conceptos clínicos quedó plasmado en su obra.

Fue el primer psiquiatra en realizar una puntual clasificación de las enfermedades mentales y por ello fue objeto de numerosas críticas; entre ellas sobresale la opinión compartida por otros psiquiatras que destacan su propensión clasificatoria en detrimento de los componentes psíquicos y ambientales que adquieren una creciente importancia e influencia en la concepción sobre el origen de las enfermedades mentales. También se criticó su escasa dedicación para estudiar las hipótesis psicopatológicas contentándose con describirlas y catalogarlas como psicosis cuya causa *endógena* debía buscarse en la organización interna predisponente de la personalidad.

Kraepelin, siguiendo las formulaciones de Krafft-Ebing, enfatizó que la psiquiatría constituía una rama de la medicina y al igual que las otras áreas médicas, debía regirse por la observación y la experimentación como corresponde a todas las ciencias. Sobre las causas de los trastornos mentales expresó que se debían a factores genéticos y un deficiente equipamiento biológico. En el curso de su desarrollo profesional describe una variante de trastorno mental que denomina *demencia praecox*, primera nominación de lo que más tarde, a través de Bleuler, se conocerá como esquizofrenia; también describió la *psicosis maniaco depresiva y la melancolía involutiva;* esta última es propia de los ancianos. Atendiendo a las recomendaciones de "Dreyfus un discípulo suyo, le influye para que incluya en el ámbito de la locura maníaco-depresiva a la melancolía involutiva, que Kraepelin había mantenido independiente hasta la octava edición de su obra" (Bousoño, 1994).

Estas dos aportaciones perduran a lo largo del tiempo como las contribuciones más importantes de su obra. Sobre los estados maniacos refiere que

> "en la forma en que se presenta la insania (psicosis) maniaco depresiva, deben identificarse los notables contrastes entre los ataques *maniacos y depresivos,* y los cambios propios de los *estados mixtos.* También deben identificarse

las visibles modificaciones ocurridas entre cada uno de los ataques puesto que constituyen el sustento psicopático de la locura maníaco-depresiva" (Kraepelin, 1921, p. 54)

La "recomendación" de observar atentamente la constante transición que ocurre en un corto periodo de tiempo, consiste en identificar las múltiples transformaciones que acontecen en un mismo caso mórbido tal como fue recomendado por sus predecesores.

Manic-Depressive Insanity and Paranoia. Es un texto publicado en inglés en el año 1921, a partir de la 8ª. Edición del *Text-Book of Psychiatry* de Emil Kraepelin. En este tratado, con su característica acuciosidad, considera que la *psicosis maniaco depresiva* es una enfermedad única en la que se encuentran incluidas la manía, melancolía y la locura periódica y circular que los médicos franceses Jean-Pierre Falret y Jules Baillarger describieron en la segunda mitad del siglo XIX con escasas diferencias con los nombres de *locura circular* y *Folie à double forme* respectivamente.

Los estados maniacos están representados por la *Hipomania,* descrita como episodios maniacos leves que se presentan de manera independiente, caracterizados por excitación maniaca, fuga de ideas, exaltación e hiperactividad y manía *sin delirio.* La *manía aguda* es repentina y se acompaña de irritabilidad, fatiga, desinterés por el trabajo, atención dispersa e insomnio; es una etapa que precede la *variante disfuncional* caracterizada por alegría inmoderada, ideas delirantes con preservación parcial del estado de conciencia. Finalmente identifica las *formas delirantes de manía* con un estado de ánimo exaltado, vestimenta llamativa o extravagante, hiperactividad, así como conductas violentas y agresivas ocasionales; puede presentar alucinaciones, delirios paranoides y obnubilación del estado de conciencia, todo ello bajo el amplio cortejo propio de las distintas fases de los estados maniacos.

Estados Depresivos

Están detallados bajo las denominaciones de melancolía simple, estupor, melancolía grave, melancolía paranoide, melancolía fantástica y melancolía delirante.

Las descripciones de Kraepelin sobre melancolía no aportan novedad alguna comparativamente con las descritas por sus predecesores franceses y alemanes. La clasificación que presenta en la octava edición de su texto original, ahora mucho más amplio, se caracteriza por abandonar las ideas tradicionales de melancolía, donde el mayor peso recae en el componente delirante que llama "melancolía delirante". Las formas simples o leves de este estado se caracterizan por una inhibición psíquica simple, sin trastornos sensoriales y sin ideas delirantes. Conceptualizadas como un proceso evolutivo y único; la melancolía asume un nuevo estatuto genético restringido a un orden meramente somático caracterizado por síntomas fisiológicos característicos de la psicosis maniaco depresiva sin llegar a la demencia.

Resulta obvio que la melancolía, codificada como psicosis sin distingo alguno por devolverle algunos de los atributos que la caracterizaron durante varias centurias ya no se revista de genialidad, ni se asocie con la dedicación al estudio o al acto creador. Este nuevo planteamiento no da cabida a las pasiones, a la noción de tristeza o al *ennui y spleen* franceses. El término *ennui* se utilizó para significar melancolía, dolor, tristeza, lasitud y aburrimiento (*American Heritage Dictionaries*, 2011). A su vez el término *spleen* "deriva de la palabra latina *splen* (bazo) donde se origina el humor negro, la melancolía pasajera sin causa aparente, caracterizada por disgusto ante todas las cosas" (Petit Robert, 1986, p. 1855). *Spleen* e *ideal* fueron términos utilizados prioritariamente en un contexto literario popularizado por Charles Baudelaire. He aquí un ejemplo:

El Enemigo

Mi juventud fue sólo tenebrosa tormenta

Rasgada a un lado y otro por soles esplendentes,

y la lluvia y el rayo hicieron tal estrago

que en mi jardín apenas quedan frutos rojos.

Y he aquí que el otoño de las ideas toco

Y que usar es preciso la pala y los rastrillos

Para dejar en forma las tierras inundadas

Donde el agua ha excavado hoyas como sepulcros.

¡Quién sabe si las flores nuevas con las que sueño

tendrán en ese suelo limpio como una playa

El místico alimento que les daría fuerzas!

¡Dolor, dolor! El Tiempo se alimenta de vida,

y el oscuro Enemigo que el corazón nos roe

Con la sangre perdida se fortalece y crece.

(Baudelaire, 1972, p. 55-56)

"El *humor* del enfermo se halla dominado por un abatimiento profundo y desesperanza sombría, o bien, por una inquietud ansiosa mal definida. Tiene como un peso en el corazón: nada despierta su interés de manera permanente, ya nada le causa placer [...] Lo asaltan pensamientos sombríos, su pasado y su futuro le parecen Igualmente tristes. Siente que no vale nada, ni física ni moralmente; ya no sirve para nada, se considera 'un criminal'. Su vida está perdida..." (Kraepelin, 1921, p. 76)

Después de esta larga enunciación de signos y síntomas melancólicos, constataremos que la melancolía grave, estuporosa y las restantes, prosiguen su curso hasta alcanzar el estado psicótico.

Un análisis sencillo sobre las manifestaciones clínicas de la melancolía simple o leve, a cien años de distancia, permite identificar algunas entidades clínicas actuales como: trastornos de ansiedad, fobias, conductas obsesivas compulsivas, sentimientos de impotencia y baja autoestima. A final de cuentas, si no se resuelve la melancolía simple, concluye con un proceso psicótico depresivo.

Para profundizar en detalle sobre el contenido y trascendencia sobre este tratado que constituye un parteaguas en el estatuto científico de la psiquiatría, considero pertinente leer el documento original.

Adolf Meyer

A finales del Siglo XIX, el pensamiento científico se caracterizó por sus esfuerzos para clasificar y organizar las diversas manifestaciones de los estados depresivos. Una figura de este tiempo estuvo representada por Adolf Meyer, originario de Suiza donde recibió un grado académico como neurólogo; migra a Estados Unidos de Norteamérica en busca de mejores oportunidades. En este país, oficialmente fue el primer psiquiatra del Hospital Johns Hopkins y posteriormente presidente de la naciente Asociación Psiquiátrica Americana. Promovió el uso del término "depresión" incluyendo en su contexto las diferentes formas de melancolía con discretas modificaciones; mantiene en su clasificación la noción de melancolía involutiva, reconociendo que la melancolía es aún tema de discusión, reconoció que ciertos tipos de depresión podían ser diferenciados con base en una causa común; al conjunto de síntomas, al curso y evolución de la enfermedad y finalmente a sus resultados.

Adolf Meyer constituye tan solo un ejemplo de la "importación de saberes" provenientes de Europa. En su caso se identifica la difusión de los desarrollos de Kraepelin y sin destacar la implementación del tratamiento psicoanalítico, difunde los planteamientos freudianos que paulatinamente impactan ciertos sectores de pensamiento médico donde germinará de manera indirecta el interés sobre esta alternativa de tratamiento. La influencia de Meyer en la práctica psiquiátrica en Norteamérica quedó plasmada en la primera edición del Manual Diagnóstico y Estadístico de los Trastornos Mentales DSM (1952). Meyer entendía "los trastornos psiquiátricos como reacciones a conflictos o al estrés que eran más específicas del individuos que la enfermedad" (Dubovsky, S.L; Buzan, R., 2001, p. 476). Sin alterar esencialmente los planteamientos de Kraepelin, insiste en la importancia de realizar observaciones clínicas detalladas, prosigue con el sistema clasificatorio recién introducido; difunde las ideas de Sigmund Freud y recomienda tomar en consideración los antecedentes biológicos psicológicos y sociales en la descripción sintomatológica de la enfermedad. En su trabajo se ciñe a las formulaciones de demencia precoz y paranoia.

Sigmund Freud. Escritos sobre melancolía

Nació en Freiberg, Moravia. República Checa (1856-1937). Su interés por el estudio lo motivó a estudiar neurología y lo llevó a París para realizar estudios con Charcot para aprender hipnosis en el tratamiento de la histeria. Regresa a Viena y con Josef Breuer desarrollan una técnica llamada catarsis que consiste en la rememoración de eventos traumáticos, método utilizado desde la antigüedad en el tratamiento de la melancolía y otras afecciones mentales a través de la *purificación (katharsis)*. Estos son los principios que paulatinamente conducirán a Freud a identificar las ventajas de la asociación libre y solidificar los cimientos de lo que conocemos como psicoanálisis.

El interés de Freud por el tema de la melancolía se evidencia en sus escritos tempranos y en su correspondencia con Fliess. Destacamos el manuscrito E (1984?) *¿Cómo se genera la angustia?* Partiendo de hipótesis sobre la génesis de la angustia, destaca dos cuestiones importantes: la primera al decir que la neurosis de angustia afecta a mujeres anestésicas y mujeres sensibles, indicando con ello que la fuente de angustia tiene un componente fisiológico que llama *acumulación de tensión sexual física* (p. 230). Líneas más adelante agrega: "con particular frecuencia, los melancólicos han sido anestésicos" […] "tienen una gran añoranza por el amor en su forma psíquica; cuando esta se acumula y permanece insatisfecha, se genera melancolía". Distingue así *la angustia con manifestaciones fisiológicas;* por otra parte, la correspondiente a la *acumulación de tensión sexual psíquica* la denomina melancolía [Itálicas del autor].

En el manuscrito G. (1985?) *Melancolía,* destaca los vínculos entre melancolía y anestesia. Refiere que *"el afecto* correspondiente a la melancolía es el del duelo, o sea, la *añoranza* de algo perdido. Por tanto, acaso se trate en la melancolía de una pérdida producida dentro de la vida pulsional". En la línea del desarrollo freudiano de la melancolía hasta este momento, la pérdida pulsional identifica el dolor y el sufrimiento como los componentes de un duelo permanente que ejemplifica, *ya no la pérdida de objeto, sino la pérdida de la libido* [Itálicas del autor].

En *Duelo y Melancolía* (1917) Freud comenta: "la melancolía, cuya definición conceptual aún es fluctuante en la psiquiatría descriptiva, se presenta en múltiples formas clínicas cuya síntesis en una unidad no parece certificada y algunas de ellas sugieren que las afecciones son más bien somáticas que psicógenas"; más adelante agrega "La conjunción de melancolía y duelo parece justificada por el cuadro total de estos dos estados. También son coincidentes las influencias de la vida que los ocasionan, toda vez que podemos discernirlas" Aquí Freud deja entrever que existe un componente psicógeno que, aunque no presente en todos los casos, es identificable en casos particulares.

Es bien conocido que las expresiones de duelo son características de la pérdida de una persona amada, de un objeto o situación como el exilio, la pérdida de la libertad o los ideales, pero Freud resalta que aunque el duelo se manifieste en ocasiones por alteraciones importantes de la conducta habitual del sujeto, transcurrido un tiempo retomará sus conductas anteriores sin necesidad de tratamiento puesto que no se trata de un estado psicopatológico.

Expresa también que la melancolía "se singulariza en lo anímico por una desazón profundamente dolida, una cancelación del interés por el mundo exterior, la pérdida de la capacidad de amar, la inhibición de toda productividad y una rebaja en el sentimiento de sí..." (Freud, 1917, p. 242). Se puede decir que la persona aquejada de melancolía sabe que ha perdido a alguien a quien amaba, sabe a quien perdió, pero no conoce las implicaciones y la carga libidinal y psíquica que depositó en ese objeto. La dimensión de las implicaciones que el paciente le otorgó al objeto amado desde su postura narcisista queda interrumpida, así como la insatisfacción del cumplimiento de su deseo cuando insatisfecho, también pierde a su objeto deseado. En *Inhibición, Síntoma y Angustia* (1926), Freud retoma brevemente el tema duelo y melancolía para efectuar algunas precisiones.

Esta ausencia es causante de una violencia que no tiene más destinatario que su propia persona. El estudio del tema del narcisismo es el tema central que plantea Starobinski (1989, p. 20) cuando escribe "Y no existe melancolía mas 'profunda' que la que surge, frente al espejo, ante la evidencia de la precariedad, de la falta de profundidad, y de la Vanidad sin recursos". ¿No es esta la imagen que acude a nuestra mente en toda narración sobre el mito de Narciso? La inasible imagen que él observa con asiduidad y de la cual queda prendado no es, sino *el reflejo de su imagen invertida*, pero "Aún así, es incapaz de apartarse de su reflejo. Narciso languidece y muere" (Pendergrast, 2003, p. 26) [Itálicas del autor].

Según la teoría psicoanalítica clásica (Abraham, Freud. M. Klein) la depresión, como el duelo, ocultan una agresividad contra el objeto perdido revelando así la ambivalencia del depresivo cara a cara con el objeto de su duelo. Karl Abraham planteó que en la melancolía, al igual que en la neurosis obsesiva, la enfermedad se desencadena cuando la persona tiene que decidir su actitud frente al mundo externo y la aplicación futura de su libido [...] En la comparación de la neurosis obsesiva con la melancolía, establece similitudes en los períodos de recesión de ambas afecciones. Los síntomas melancólicos ponen al descubierto la agresividad del sujeto contra él mismo, su incapacidad para expresar abiertamente su enojo y su ira contra las personas que ama y teme perder, lo llevan a odiarse y dirigir su agresividad contra la propia persona. Los ataques hacia el Otro, que psicológicamente se ha convertido en parte del "sí mismo", quebrantan sus capacidades adaptativas y producen una afectividad negativa. Estas reflexiones pueden encontrarse en la carta que Abraham le envía a S. Freud el 31 de marzo de 1915; estas ideas quedarán plasmadas en el escrito final de Duelo y Melancolía.

"Un rasgo muy importante de la fantasía destructiva, equivalente al deseo de muerte, es el del lactante que cree que sus deseos fantaseados tienen efecto real, es decir, que siente que sus impulsos destructivos han destruido realmente al objeto y seguirán destruyéndolo" (Klein, 1937). Muchas personas deprimidas tienen problemas para mostrar su enojo o ira debido a problemas de autoestima; tienen temor de perder amistades o ser abandonados por las personas a quienes aman o de las que dependen excesivamente: la dependencia, el temor a la pérdida y sus sentimientos de minusvalía los lleva a ocultar sus emociones y mostrar complacencia ante los demás. "Lo amo (parece decir a propósito de un ser o un objeto perdido), pero aún más lo odio; porque lo amo para no perderlo, lo instalo en mí; pero porque lo odio, este otro en mí es un yo malo, soy malo, soy nulo, me mato" (Kristeva, 1991, p. 15).

Las referencias contenidas en este trabajo parecen identificar un elemento común a todas ellas: una impresión trágica, que muy bien podría correlacionarse con ideas y sentimientos de culpabilidad, de autoreproche y autocastigo; elementos íntimamente vinculados con un empobrecimiento del yo asociado a una afección narcisista porque, a fin de cuentas, una conducta hipercrítica ¿no es acaso un síntoma narcisista? En estos estados se presenta una tendencia a búsqueda de autocastigo y de manera más evidente, en el extremo más representativo: el suicidio.

Por su parte Lacan en *Subversión del sujeto y dialéctica del deseo* (1975, p. 798), comenta que

> "el sujeto que cree poder tener acceso a sí mismo designándose en el enunciado [melancólico] no es otra cosa que un objeto [...] objeto inasible en el espejo al que la imagen especular da su vestimenta. Presa capturada en las redes de la sombra, que, robada de su volumen que hincha la sombra, vuelve a tender el señuelo fatigado de ésta con un aire de presa"

Este enunciado sobre la teoría del espejo constituye el elemento primordial de enajenación con el Otro. Es fácil entrever en ello el mito narcisista freudiano íntimamente ligado con el duelo y la tristeza ante la pérdida del objeto amado. En *Télévision* (1974, p. 39) Lacan refiere que "Se califica como depresión a la tristeza para darle apoyo al alma [...] Pero ese no es un estado del alma, es simplemente una falta moral como lo expresara Dante, incluso Spinoza: un pecado que no se ubica en primera instancia en el pensamiento, o más bien dicho, se reencuentra en la estructura del inconciente".

Nos encontramos en las primeras décadas del Siglo XX y pareciera que esta mirada retrospectiva debiera proporcionarnos una visión clara acerca de la melancolía y de la manía ahora llamada psicosis; sin embargo, aun quedan pendientes algunos comentarios para señalar los cambios clasificatorios a los que se han visto sujetas estas afecciones y enseguida, los fundamentos teóricos y descriptivos prevalecientes en el campo de la psiquiatría.

Henri Ey

Nacido en 1900, año en que se edita oficialmente *La interpretación de los sueños,* representará junto a Kraepelin la psiquiatría de ese siglo es uno de los psiquiatras más representativo del segundo tercio secular hasta bien entrada la segunda mitad del siglo XX. Originario de Francia, obtiene su licenciatura en medicina en 1923; prosigue sus estudios y se gradúa en filosofía y se desempeña como psiquiatra en varios hospitales franceses, el más conocido de ellos quizá sea el de Sainte Anne en París. Durante su cargo como jefe de la clínica de ese hospital de 1931 a 1933 conoce da cabida a personajes eminentes de la psiquiatría y precursores del psicoanálisis francés. Ahí también conoce y se hace buen amigo de Jacques Lacan. En 1933 es designado médico jefe del hospital psiquiátrico de Bonneval. En esta ciudad permanecerá hasta su retiro en 1971. En este lugar y por su desempeño teórico y práctico Henri Ey organizó lo que en la historia de la psiquiatría francesa se conoce como los memorables Coloquios de Bonneval donde se reunieron los más prestigiados representantes de cuatro campos teóricos: psiquiatría, psicoanálisis, sociología y filosofía.

Henry Ey, psiquiatra humanista, fue un prolífico escritor de artículos y reflexiones en torno a la psiquiatría; entre sus múltiples publicaciones y escritos, destaca la primera edición de su *Manual de Psiquiatría* (1960), escrito en colaboración con un psiquiatra clínico (Bernard) y un psicoanalista (Brisset), una prueba más de su condición de auténtico científico, que busca la verdad sin sectarismos ni dogmatismos estrechos, como anticipo y herramienta de la psiquiatría del porvenir en pos de las verdades últimas y del cumplimiento integral de su misión médica y humana" (Mahieu, 1986, p 11-15).

En el *Tratado de Psiquiatría* de Henri Ey, que ha servido como libro de texto a muchos estudiantes de psiquiatría, encontramos observaciones descriptivas y clasificatorias sobre melancolía y manía. Al referirse a las crisis de melancolía y sus manifestaciones, ubica a quienes la padecen como melancólicos pertenecientes al grupo de los maniaco depresivos que si no han tenido manifestaciones psicóticas de tipo endógeno, entonces, el acceso melancólico sería consecuencia de factores exógenos, dentro de los que considera los conflictos, las emociones y lo que denomina "surmenage", que seguramente corresponde a lo que ahora se designa como *burnout*: agotamiento, sobrecarga de estímulos, estrés y dificultad para contender dificultades de la vida laboral y emocional cotidianas.

Considera que los estados melancólicos "sobrevienen casi siempre, favorecidos por una predisposición de la personalidad de base, un poco como si la tolerancia a los 'stress' estuviera descendida en determinados individuos" (Ey, 1975, p. 221). En su descripción de las crisis de melancolía, Ey destaca un descenso del humor acompañado de dos elementos más: un fuerte dolor moral y el fenómeno de la inhibición. El descenso del humor se traduce en tristeza que se expresa a través de sentimientos de minusvalía, de angustia, culpabilidad y una especie de búsqueda de castigo; los otros dos componentes se relacionan con la inhibición: una astenia o fatiga psíquica que reduce el campo de conciencia, dificultad para pensar, dificultad para la evocación y lentitud de todos los procesos psíquicos; finalmente, también es evidente una astenia física y lentitud en la conducta y actividades motrices que de pronto se asocian con diversos tipos de malestar fisiológico.

La amplia enunciación de los las variantes de estados depresivos acompañados de una serie importante de recomendaciones sobre la observación del paciente, su vestimenta, actitud en la entrevista, discurso y anamnesis acuciosa sobre el origen y evolución de su trastorno ya sea maniaco o depresivo, se divide en dos grandes rubros. Primero, las llamadas *grandes crisis de melancolía endógena* y, segundo, *las crisis de depresión neurótica resultantes de la descompensación de una estructura neurótica anterior.* Cabe destacar cómo Ey se refiere a las crisis endógenas desde una perspectiva orgánica que evoluciona a la psicosis; en el segundo caso, utiliza la nomenclatura propia del psicoanálisis: *depresión neurótica y estructura neurótica* para dar cuenta de los episodios y variantes de la conceptualización vigente.

Las aportaciones y excelencia del trabajo realizado por Henri Ey mostrado de manera bastante somera en este trabajo, posibilita identificar su intento de conciliar posturas teóricas en apariencia contradictorias entre dos disciplinas importantes: la psiquiatría y el psicoanálisis. La manera en que se han plasmado los datos correspondientes a la visión de este médico y filósofo, es tan solo un esbozo de la minuciosidad que caracterizó el uso de la nosología que, como rama de la medicina tiene como objetivos describir, explicar, diferenciar y clasificar la amplia variedad de manifestaciones de las entidades clínicas objeto del presente trabajo.

La manera en que se han planteado las consideraciones teóricas de Heinroth, Griesinger, Krafft-Ebing y Kraepelin, nos informan de la evolución del pensamiento psiquiátrico del siglo XIX y principio del siglo XX, a partir de los métodos de observación y descripción común para estos autores. De modo análogo y más explícito resulta el diseño nosológico que muestra Henri Ey, un psiquiatra de gran influencia en Europa y figura icónica de la psiquiatría francesa durante la segunda mitad del siglo XX.

LUGAR DE LA MELANCOLÍA Y MANÍA EN LAS CLASIFICACIONES

La creación de nuevas tecnologías diseñadas exprofeso para contender con el rápido incremento de trastornos mentales asociados a un estilo de vida que demanda respuestas inmediatas para lidiar con el dolor físico, la insatisfacción y el sufrimiento moral. Con el mismo propósito y acorde a los estándares emanados por el pensamiento occidental y la diversidad de estilos de vida entendidos como reflejo de inconformidades y necesidades insatisfechas, se ha modificado el orden y los criterios para describir y dar cuenta de conductas que no se ajustan a las normas sociales imperantes. "Desde este punto de vista, lo que llamamos "depresión" es la particular interpretación médica occidental de cierto conjunto de estados biológicos" (Leader, 2008, p. 18). La diferencia, las conductas reflejadas en la escritura de la piel, en el abuso de sustancias, en la delgadez, sobrepeso y el temor generado por manifestaciones culturales ajenas a la cultura propia, constituyen el "sustento teórico" de los expertos, para modificar e identificar nuevos grupos de trastornos mentales.

La nosología definida como rama de la ciencia médica tiene como propósito describir, explicar, diferenciar y clasificar una amplia variedad de enfermedades. En la vertiente clasificatoria y estadística sobre los trastornos del estado de ánimo se reporta que "durante la primera década del siglo XX estos trastornos empiezan a mostrar una mayor incidencia en la población de los grandes países industrializados" (Cross-National Collaborative Group, 1992; Klerman, 1988; Klerman & cols., 1985). Las cifras sobre este trastorno se incrementaron de manera significativa a nivel mundial particularmente en la década de los años 60 cuando la neurosis de ansiedad y la neurosis depresiva fueron los trastornos mentales más frecuentemente diagnosticados.

La primera edición del *Manual Diagnóstico y Estadístico* (DSM por sus siglas en inglés) corresponde al año de 1952 (American Psychiatric Association, 1952). La clasificación de enfermedades está influida en gran parte —como lo mencionamos con anterioridad— por Adolph Meyer quien consideraba los trastornos psiquiátricos como resultado de conflictos o reacciones emocionales de tipo individual ante situaciones de estrés o problemas emocionales no resueltos. Los trastornos afectivos se enunciaron genéricamente como neurosis depresiva; si tenía sintomatología psicótica, entonces se enunciaba como "reacción depresiva de tipo psicótico". Es perceptible que en esta primera edición, sea al sujeto a quien se otorga un lugar preponderante y la enfermedad queda como segunda opción.

En la segunda edición de este mismo manual DSM-II (1968), se mantiene la nominación de neurosis depresiva, pero se agregan dos rubros más: la psicosis maniaco depresiva y melancolía involutiva, aunque como se comentó con anterioridad, esta última quedó asimilada a la psicosis maniaco depresiva. También en este caso conviene preguntar ¿a qué se debe la separación en esta segunda edición del manual en comento?

En las siguientes ediciones del DSM continúan los adendos, las especificaciones en el caso de depresión mayor en la que hay que especificar si se trata de una depresión atípica que aún se llamaba depresión neurótica por algunos psiquiatras. Este breve recorrido por el controvertido DSM tiene como objetivo último, afirmar el tema clasificatorio y proseguir con el deslinde, re-nominación, separación, reubicación y la notable eliminación de terminología médica que marcó una diferencia en la práctica clínica prevalente en nuestro país perdurando hasta 1970 aproximadamente.

No se trata aquí de realizar un análisis del contenido de cada una de las ediciones del DSM, sólo agrego que el DSM-IV (1994) y el DSM 5 (2013) agrupan a los Trastornos del estado de ánimo los siguientes: Trastornos depresivos, Trastornos bipolares, Otros trastornos del estado de ánimo, así como las especificaciones para describir el episodio más reciente y las especificaciones que describen el curso de los episodios recidivantes. Una de las especificaciones solicitadas se refiere a consignar si el Episodio Depresivo Mayor *se acompaña de síntomas melancólicos.* Este mismo requerimiento debe ser registrado cuando se describen los Trastornos depresivos: Trastorno depresivo mayor, episodio único; Trastorno depresivo mayor recidivante; Trastorno distímico y Trastorno depresivo no especificado. A mi juicio nadie pone ya más especificaciones sobre sintomatología melancólica.

Es claro que existe una clara distinción entre lo que se denomina depresión y los complementos "propios" de la melancolía. Si nos atenemos a los criterios clasificatorios, es factible que surjan confusiones relativas a considerar la melancolía como una entidad clínica aislada de la depresión. La especificación de sus componentes descriptivos pretende precisar un estado depresivo de manera integral, pero esta confusión no es privativa de los manuales de clasificación de trastornos mentales.

Un repaso sobre el tema de la melancolía y una lectura atenta y comparativa evita la confusión generada ante el uso indiscriminado de términos como duelo, melancolía, pesar, alegría, estado de ánimo exaltado, euforia, tristeza, depresión, manía, psicosis, júbilo, entusiasmo, delirio y, no agrego más pues en cada edición de los manuales se dan cambios que es imposible hacer un seguimiento desde una perspectiva personal. Debido a lo cambiante del panorama clínico y de una práctica sustentada en los manuales sobre el *know how*: los manuales diagnósticos; la terapia (TCC) y otro tipo de manuales para prevenir y tratar diversos tipos de alteraciones mentales. Pareciera que la próxima edición sobre estados de ánimo o trastornos del humor y otros más, van a estar matizados por el calentamiento global y sus efectos sobre la conducta, los cambios estacionales y su efecto sobre la personalidad, el amor y el *down* en primavera, Los humores en su variante no tengo humor, *I'm in the mood* y claro, el ostensible cambio étnico, familiar y social.

No queda tiempo para indagar lo que ha acontecido en las últimas décadas del siglo pasado, salvo el descubrimiento de los neurolépticos por Jean Delay y de ahí la propensión a tratar *todo malestar psíquico* a través de prescripción de fármacos y explicaciones neurobiológicas, dejando de lado las de orden psíquico. El *uso de la palabra,* bien entendido, ¿no es parte de la formación en psiquiatría? No sería vano retomar la intención del Dr. Ramón de la Fuente Muñiz con un proyecto dirigido a los psiquiatras en formación que llamó Psicoterapia Médica. Desde una postura personal pienso que, esta idea podría representa un objetivo factible para ampliar el panorama actual del quehacer psiquiátrico.

EPÍLOGO

El duelo y la melancolía comparten elementos que caracterizan un estado de ánimo profundamente doloroso, debido a una interrupción del interés por lo que acontece en el mundo exterior, por el aparente menoscabo en la capacidad de amar del melancólico, quien en constante lamento, evidencia la pérdida de su objeto amoroso a través de la melancolía, la manía y el delirio. Amor imposible, abismo inconciente, tinta negra, tinta sangre, sol negro. ¿Cómo no sentirse empobrecido y despreciable?

El melancólico carece de pudor y siente la necesidad de comunicar sus defectos mediante lamentos, autorreproches y quejas. En una situación en la que predomina la ambivalencia, amor y odio ante el objeto perdido, dos componentes del aparato psíquico entran en conflicto: la conciencia moral del *superyó* ejerce una fuerte crítica al *yo*; y por otra parte *el ello*, instancias que lo acosan con ideas y pensamientos destructivos de los que desconoce su origen.

En el estricto concepto de la tragedia griega, ¿qué debe hacer el melancólico para expiar una culpa que no conoce y que vive cotidianamente? Lo más perceptible en el trabajo clínico es el sentimiento de culpa que debe ser expiado a través de la humillación y del sufrimiento, de la satisfacción sádica y en última instancia del suicidio.

La melancolía-depresión y la manía-locura representan entidades clínicas mal entendidas, algunas veces dramatizadas en sus manifestaciones y consideradas como incurables. Las quejas lastimeras o desesperadas expresadas a través del tiempo y en todas las latitudes; la fragilidad y la angustia del hombre; el hombre que sufre y se ve sometido a las oscilaciones de su equilibrio psíquico y en algunas ocasiones a sus debilidades, va del desaliento al pesimismo, a la tristeza, a la desesperanza y en ocasiones al naufragio del suicidio. El término melancolía designa, hoy en día, ciertas formas particulares de depresión. La denominación melancolía persiste a través de los siglos pero al definirse de manera fluctuante e imprecisa, no siempre remite a un mismo significado en el orden médico, psicoanalítico, filosófico y social. Lo que llamamos melancolía identifica en la actualidad un profundo estado de ánimo caracterizado por una compleja tristeza.

A su vez, la manía desde la antigüedad se asocia con locura, con la psicosis, con los estados extremos de manía y melancolía, con los excesos, con las tragedias y de manera semejante a la melancolía, vinculada también con conductas fulgurantes, con la extravagancia innovadora y con la diferencia, con la bipolaridad. Con renovado ímpetu después de esta travesía sobre los estados afectivos, considero pertinente preguntar: La melancolía y su inseparable compañera la manía ¿tienen un significado y un sentido unívoco?

Con las diversas denominaciones consignadas a lo largo de este trabajo, quise ejemplificar dos instancias que desde antiguo han sido portadoras de atributos que van de lo divino a lo terrenal, de lo privado a lo público, de lo diferente a lo patológico, a lo marginal, lo estigmatizante. En la actualidad se sigue hablando de ellas como elementos independientes, intercambiables y complementarios desde distintas vertientes del pensamiento y expresión humanas.

Ante el estado actual de las clasificaciones y la multiplicidad de técnicas y actividades "curativas", no se puede sino expresar nostalgia ante un vano intento por aprehender los instantes evasivos, las lánguidas imágenes consumidas por el fuego innovador que calcina el acto creador y se solaza en su renovación; nostalgia por la pasión, por la propensión reflexiva, por la genialidad del acto terapéutico de enseñanza de quienes, en su calidad de solicitantes de orientación, nos muestran los puntos cardinales por los que se puede transitar.

El actual predominio de saberes terapéuticos divergentes entre sí, ejemplifican las formas etéreas del conocimiento guiado a través de lineamientos técnicos "prêt-à-porter", para alcanzar los objetivos de "normalidad y estabilidad social".

Rememoro con nostalgia el evasivo momento de las indisposiciones físicas y psíquicas ya extinguidas, que aún perduran en la memoria.

Afecciones como:

- La Epilepsia del Tipo Gran Mal (Grand Mal)
- Epilepsia Pequeño Mal (Petit Mal)
- Neurosis histérica
- Neurosis de angustia,
- Neurosis depresiva,
- Psicosis maniaco depresiva
- Y finalmente, lo que en nosotros queda de locura y melancolía...

Febrero, 2016

BIBLIOGRAFÍA

1. Abraham, K. (1915) "Carta de Karl Abraham a Sigmund Freud", 31-03-1915, *Revista Imago*, N° 13 "Melancolía".

2. Ackernecht, E.H. (1968). *Breve historia de la psiquiatría.* (3ª. Ed). Argentina: Ed. Universitaria de Buenos Aires.

3. Adams, F. (1972) *The Extant Works of Arataeus, The Cappadocian.* Chapter V. On Melancholy. Boston: Milford House. Recuperado de http://www.perseus.tufts.edu/hopper/

4. Agrippa C. (2005). *Filosofía Oculta. Cap. III.* (1ª ed.) Argentina: Ed. Kier, S.A.

5. Alvarez, S.O. *Alma, cosmos e intelecto en el pensamiento presocrático: de Tales a Heráclito. Nova Tellvs, 26 (1) 19-54*

6. American Heritage Dictionaries (2012) *American Heritage Dictionary of the English Language. (5th. ed.)* Boston: Houghton Mifflin Harcourt.

7. Amo, U. R. (2007). *El principio vital del ser humano en Irineo, Orígenes, Agustín, Tomás de Aquino y la antropología teológica española reciente.* Roma: Editrice Pontificia Università Gregoriana.

8. Andrews, J., Briggs, A., Porter, R., Tucker, P. & Waddington, K. (1997). *The History Of Bethlem.* London: Routledge.

9. Arata, L. (2004) *Nepenthes and Cannabis in Ancient Greece.* USA. Amherst, NY: Trivium Publications. Janus Head, 7(1), 34-49.

10. Areteo de Capadocia (1998). *Obra Médica.* Madrid: Ediciones Akal, S.A.

11. Aristóteles. (2013) *Ética Nicomaquea.* México: Editorial Porrúa, S.A. de C.V.

12. Augstein, A.F. (1996) *JC. Prichard's Concept of Moral Insanity. A Medical Theory of the Corruption of Human Nature.* Medical History, 40: 311-343 doi:10.1017/ S0025727300061329

13. Avicena. *Canon Of Medicine.* (1973). New York: AMS Press. Library Of Congress. Recuperado de http://www.archive.org/stream/ AvicennasCanonOfMedicine/9670940-Canon-of-Medicine_djvu.txt

14. Azara, P. (1993). *Sobre el Furor Divino y Otros Textos. Marsilio Ficino.* Barcelona: Anthropos. Recuperado de *https://es.scribd.com/ doc/89275952/Ficino-Furor-Divino-de-XLIII-a-LXXIV*

15. Baroja, C.J. (1999). *Las brujas y su mundo.* (3ª Ed.) Madrid: Alianza Editorial.

16. Barrow, S. M., & Robert, R. (1999). Usages de drogue et comorbidités psychiatriques: Synthèse des recherches américaines. Paris: Groupement de recherche Psychotropes, politique et société.

17. Bartholomeus Anglicus. (1494). *De las Propiedades de Todas las Cosas. Libro, IIII: De los humores, sus generaciones y obras.* España: Traducido del latín al Romance por Vicente de Burgos. *Emprimido* (sic) por Enrique Meyer de Alemania.

18. Bartra, R. (2001). *Cultura y melancolía. Las enfermedades del alma en la España del Siglo de Oro.* Barcelona, España: Anagrama, S.A.

19. Batman, S. (1582) *Uppon Bartholome, His Book De Propietatibus Rerum. London.* En Postel y Quétel, (1983)

20. Baudelaire, Ch. (1972). *Las flores del mal.* (3ª ed). Barcelona: CREDSA, ediciones y publicaciones.

21. Baudelaire, Ch. (1994). *Los paraísos artificiales.* México: Ed. Fontanamara, S.A.

22. Bousoño, G., Gonzalez, J., (1994). *Diagnóstico y clasificación de los trastornos depresivos.* Psiquiatría. VI, (2) 1-9.

23. Burton, R. (1947). *Anatomía de la Melancolía.* Argentina: Colección Austral. Espasa –Calpe.

24. Burton, R. (2008). *Anatomía de la Melancolía*. Argentina: Ediciones Winograd.

25. Burton, R. (2008). p. *113*.

26. Bzoura, É. (1998). *Le patrimoine de la Faculté de pharmacie de l'Université Paris V.* In: Revue d'histoire de la pharmacie, 86 (318) 238-250.

27. Calvo-Martínez, J.L. (2005). *Aristóteles: Ética a Nicómaco*. Madrid: Alianza Editorial.

28. Casagrande, C. (2004). *Quand la tristesse était un peché*. Paris: Rev. L'Histoire N° 285, mars

29. Casal y Aguado, M. (1818). *Aforismos de Hipócrates traducidos, ilustrados y puestos en verso castellano*. Madrid: Imprenta Repullés.

30. Chazaud, J. (1982). *La Melancolía*. Barcelona: Ed. Herder.

31. Chinchilla Moreno, A. (2008) La depresión y sus máscaras. Madrid: Ed. Panamericana, S.A.

32. CIE 10. *Trastornos del humor*. 10ª revisión. Recuperado de http://psicomed.net/cie_10/cie10.html

33. Collée M, Quétel C.(1994). *Histoire des maladies mentales*. Paris : Presses Universitaires de France.

34. Colli, G. (2009). *El nacimiento de la filosofía"*. México: 1ª. Ed. En Fábula Tusquets Editores México.

35. Condrau, G. (1968) *Angustia y culpa*. Madrid: Ed. Gredos, S.A.

36. Copenhaver, Brian, "Giovanni Pico della Mirandola", *The Stanford Encyclopedia of Philosophy* (Summer 2012 Edition), Edward N. Zalta (ed.), http://plato.stanford.edu/archives/sum2012/entries/pico-della-mirandola

37. Corso De Estrada Laura. (2012) . Cauriensia, Vol. VII. 41-53.

38. Cross-National Collaborative Group (1912). *The changing rate of major depression: cross-national comparisons.* JAMA 268:3098-3105.

39. D'Egine, P. (1844). The seven books of Paulus Aegineta. Recuperado de http://www.biusante.parisdescartes.fr/histoire/medica/resultats/?cote=37321x01&p=411&do=page

40. De La Fuente Freyre J.A. (2002). *La biología en la antigüedad y en la edad media.* Salamanca: Ediciones de Salamanca.

41. De la Mirandolla, P. (2003). *Discorso sulla dignità dell'uomo.* Parma: Francesco Bausi. Fondazione Pietro Bembo.

42. De Quincey, Th. (2001). *Confesiones de un inglés comedor de opio.* Madrid: Valdemar.

43. De Rotterdam, E. (1983). *Elogio de la Locura.* México: Ediciones Ateneo, S.A.

44. Deitch, R. (2003). *Hemp: American History Revisited: The Plant with a Divided History.* United States: Algora Publishing.

45. De Quincey, T. (2001) *Confesiones de un inglés comedor de opio.* Madrid: Ed. Valdemar.

46. Díaz-Barriga, SL. (2000). *Estigma Social y Psicológico en Adicciones. Primer Congreso Nacional de Especialistas en Adicciones: "Dilemas y Alternativas en el México Actual y del Futuro".* México: 15 de junio Liberaddictus, A.C.

47. *Diccionario El pequeño Larousse* (2001). (7ª.ed.) Colombia: Ediciones Larousse de Colombia, LTDA.

48. Dodds E.R. (1997). *Los griegos y lo irracional*. Madrid: Alianza Editorial.

49. Dolto, F. (1987). *Tout est langage*. París: Edit. Vertiges du Nord/Carrere.

50. Dör, J. (1988). *Estructura de las perversiones*. Argentina: Edit. Gedisa. S.A.

51. Domínguez, G.V. (1991). *Sobre la "melancolía" en Hipócrates*. Psichotema, 3 (1) 259-267.

52. DSM. (1952). *Diagnostic and Statistical Manual: Mental Disorders*. Washington: American Psychiatric Association (APA).

53. DSM-II. (1968). *Diagnostic and Statistical Manual of Mental Disorders*. Washington: American Psychiatric Association (APA)

54. DSM-IV. (1995). *Manual Diagnóstico y Estadístico de los Trastornos Mentales*. Barcelona: Masson, S.A.

55. DSM 5. (2013 *Diagnostic and statistical manual of mental disorders*. Fifth Edition. Arlington, VA. American Psychiatric Association.

56. Dubovsky, S.L; Buzan, R. (2001). *Trastornos del Estado de ánimo*. En: DSM-IV Tratado de Psiquiatría. Tomo I, (3ª. Ed). Barcelona: Masson, S.A.

57. Echavarría, F.M. (2008). *Sobre las enfermedades mentales según Tomás de Aquino [I]*. Scripta mediaevalia, 1. 91-115.

58. Echegoyen, O.J. (1997) *Historia de la filosofía*. Madrid: Vol. 1. Ed. Edinumen.

59. Escohotado, A. (1998) *Historia general de las drogas*. España: Espasa Calpe, S.A.

60. Laercio, D. (1792). *Los diez libros de Diógenes Laercio sobre las vidas, opiniones y sentencias de los filósofos más ilustres.* Traducción del griego por Josef Ortiz Sánchez. Madrid: Imprenta Real.

61. Esquilo. (2011). *Las siete tragedias: Trilogía de Orestes.* México: Ed. Porrúa, S.A. de C.V.

62. Esquirol, J.E. (2013) *Sobre las Pasiones* [1805] (*fragmento*). Colombia: Revista Affectio Societatis 10, (19) 2-20.

63. Eurípides. (2014) *Orestes.* En: *Las diecinueve tragedias:* México: Ed. Porrúa S.A. de C.V.

64. Ey, H. Bernard, P., Brisset, Ch. (1975). *Tratado de Psiquiatría* (7ª. Ed). Barcelona: Toray-Masson S.A.

65. Feyjoo y Montenegro B.J. (1776). *Discursos varios en todo género de materias, para desengaño de errores comunes. Discurso 1. La Voz del Pueblo.* Madrid: Teatro Crítico Universal. Tomo Primero. Real Compañía de Impresores, y Libreros.

66. Feijoo B.J. (1778). *Teatro crítico universal, tomo sexto.* Madrid: Real Compañía de Impresores.

67. Ferrater, M.J. (1983). *Diccionario de filosofía abreviado.* Mexico: Edit. Hermes.

68. Ficino, M. (2001) *De Amore. Comentario a El Banquete de Platón.* (3ª ed) Madrid: Ed. Tecno, Grupo Anaya S.A.

69. Földényi L.F. (2008). *Melancolía.* Círculo de Lectores. Barcelona: Galaxia Gutenberg.

70. Foucault, M. (1998). *Historia de la Locura en la Época Clásica.* Vol I. México: Fondo de Cultura Económica.

71. Foucault, M. (1988 p.116) *Enfermedad Mental y Personalidad*. México: Editorial Paidos.

72. Foucault, M. (1970). *La arqueología del saber*. México: Siglo XXI Editores. S.A. De C.V.

73. Foucault, M. (1985) *El nacimiento de la clínica*. México: Siglo XXI Editores. S.A. De C.V.

74. Foucault, M. (1984) *Las palabras y las cosas*. (15ª ed.). México: Siglo XXI Editores. S.A. De C.V.

75. Fraguas H.D. (2007). *¿Hubo una psicoterapia Verbal en Grecia?* FRENIA, VII, 167-193

76. Francioni, M. (1983). *Psicoanálisis, lingüística y epistemología en Jacques Lacan*. Argentina: Editorial. Gedisa S.A.

77. Freedman, Kaplan & Sadock. (1975). *Comprehensive Textbook of Psychiatry*. Vol. 1. Baltimore: Williams & Wilkins Company. P. 17

78. Freedman, A.M., Kaplan, H.I. & Sadock, B.J. (1975). *Comprehensive Textbook* of Psychiatry. Vol. 1. Baltimore: Williams & Wilkins Company.

79. Freud, S. (1996) *Manuscrito E. ¿Cómo se genera la angustia?* Obras Completas. Buenos Aires: Amorrortu, vol. 1. (1886-99)

80. Freud, S. (1895) *Manuscrito G Melancolía*. Obras Completas. Buenos Aires: Amorrortu, v. 1, 1994.

81. Freud, S. (1917). *Duelo y Melancolía*. Obras Completas. Buenos Aires: Amorrortu, v. 14, 1994.

82. Freud, S. (1926) *Inhibición, Síntoma y Angustia*. Obras Completas. Buenos Aires: Amorrortu. v. XX. 1994.

83. Gäelle, J. (2006). *Acédie et conscience intime du temps*. Bulletin d'Analise Phénomenologique. 2, (1) 1-32

84. Gaelle, J. (2007). *Généalogie de la docilité dans l'Antquité et le Haut Moyen Âge*. France: Librairie Philosophique J. Vrin.

85. Galeno. (2003) *Sobre las facultades naturales. Las facultades del alma siguen los temperamentos del cuerpo*. Madrid: Editorial Gredos, S.A.

86. Gagliardi, M. (1999). *Folie et discours de la folie dans la tragédie grecque du Ve siécle avant J. C.* Histoire & Mesure, 14 (1-2) 3-50.

87. García, G.C. (2004). *Cuerpo y alma: De Homero a Platón*. Bitarte: Revista cuatrimestral de humanidades. 11 (32) 47-61.

88. García, G.C. (2000). *Tratados Hipocráticos*: Sobre la enfermedad sagrada. Madrid: Editorial Gredos, S.A.

89. García, G.C. (1990). *Tratados Hipocráticos*: Aforismo VI Editorial Gredos.

90. Garzoni, T. *(2008). L'hospedale de' pazzi incurabili (1586). The Hospital Of Incurable Madness*. English translation by Pastina, D. & Crayton J.W. Arizona Center for Medieval and Renaissance Studies. Tempe Arizona.

91. Glas, G. (2003) *A conceptual history of anxiety and depression*. In: *Handbook on Anxiety and Depression* (2nd ed.) New York. Basel: Marcel Dekker, Inc. 1-48.

92. Goffman, E. ((1995). *Estigma. La identidad deteriorada*. Buenos Aires: Amorrortu editores.

93. Guibelet, J. (1603). *Trois discours philosophiques: De* l'humeur meláncolique. France: Ed. Évreux: Antoine Le Marié.

94. Griesinger, W. (1882) *Mental Pathology and Therapeutics*. New York: William Wood & Company. FB&c Ltd, London, 2014.

95. Grinberg, L. (1978). *Culpa y Depresion*. Buenos Aires: Paidós.

96. Guerrero, R. R. (2008). *Avicena: sobre el amor*. Anales del Seminario de Historia de la Filosofía. Enero-Diciembre, 245-261.

97. Guidorizzi, G. (2010). *Ai confini dell' anima. I greci e la follia*. Milano: Raffaello Cortina Editore.

98. Hassoun, J. (1995). *La cruauté melancolique*. France: Aubier.

99. Hales, R., Yudofsky, S., Talbott, J. (2001). DSM IV. *Tratado de Psiquiatría*, Vol. 1. Barcelona: Masson S.A.

100. Homero. (2013). La Ilíada. México: Editorial Porrúa.

101. Homero. (2012). *La Odisea:* Rapsodia IV. México: Editorial Porrúa.

102. Jackson, S. W. (1989). *Historia de la melancolía y depresión*. Madrid: Ed. Turner.

103. Jakobson, R. (1985). *Ensayos de lingüística general*. Barcelona: Planeta-De Agostini, S.A.

104. Jaramillo, A.J. (2005). *Historia y filosofía de la medicina*. Costa Rica: Edltorial de la Universidad de Costa Rica.

105. Joubert, L. (2002). Sobre la risa de Demócrito. En *Tratado de la risa*. Madrid: Asociación Española de Neuropsiquiatría.

106. Jünger, E. (1991). *Approches, drogues et ivresse*. France: Gallimard

107. Julien, Ph. (1992). *El retorno a Freud de Jacques Lacan*. México: Sistemas técnicos de edición. S.A. de C.V.

108. Kadré, I. (2010) *La cólera de Aquiles*. Entrevista de Bashkim Shehu. Madrid: Katz Editores.

109. Kaplan, IH; Sadock, JB. (1987). *Compendio de Psiquiatría (2ª ed.)*. Barcelona: Salvat Editores S.A.

110. Kaufman, E. McNaul, J. (1992) *Recent Developments in Understanding and Treating Drug Abuse and Dependence*. Hospital and Community Psychiatry. 43 (3) 223-236.

111. Katajala-Peltomaa, S., Niiranen, K. (2014). *Mental (Dis) order in Later Medieval Europe*. Boston: Brill, Leiden.

112. Kierkegaard, S. (1975). *Temor y temblor* (2a. Ed.). Madrid: Editora Nacional.

113. Kirk, G.S. & Raven, J.E., & Schofield, M. (1983). *Los Filósofos Presocráticos*. Versión española, (2ª ed.) Parte I. Madrid: Editorial Gredos, S.A.

114. Klein, M. (1937). *Amor, Culpa y Reparación*. Estudio del Psicoanálisis y Psicología. Recuperado de http://psicopsi.com/AMOR_CULPA_Y_REPARACION_1937.asp

115. Klerman, G.L. (1988) *The current age of youthful melancholia: evidence for increase depression among adolescents and young adults*. The British Journal of Psychiatry. 152 (1) 4-14. doi: 10.1192/bjp.152.1.4

116. Klerman., G.L., Philip W.L., Rice, J., Reich, T., Endicott, J., Andreasen, N.C., Keller, B.M., Hirschfield, R.A., (1985). *Birth-cohort trends in rates of major depressive disorder among relatives of patients with affective disorder*. Arch Gen. Psychiatry. 42 (7) 689-693. doi:10.1001/archpsyc.1985.01790300057007.

117. Klibansky, R. Panofsky E. & Saxl, F. (1991). *Saturno y la melancolía*. Madrid: Alianza Editorial, S.A.

118. Kraepelin, E. (1971). *Introducción a la Clínica Psiquiátrica*. México: Ed. Aleph, S.A.

119. Kraepelin, E. (1921) *Manic-Depressive Insanity and Paranoia*. Edinburg: E. & S. Livingstone. Edinburg.

120. Krafft-Ebing, R. (1904). *Text-Book of Insanity*. Philadelphia: F. A. Davis Company.

121. Kramer, H., Sprenger, J. (1998-2001) *The Malleus Malleficarum*. Transcribed by Lovelace, W., Rice. Windhaven Network, Inc. http://www.malleusmaleficarum.org/downloads/MalleusAcrobat.pdf

122. Kramer, H; Sprenger, J. (2001). *Malleus Maleficarum*. (El martillo de los brujos). Trad. Floreal Maza. España: Ediciones Orión.

123. Kristeva, J. (1991). *Sol negro. Depresión y melancolía*. Venezuela: Monte ävila Editores Latinoamericana, C. A.

124. Lacan, J. (1975). *Escritos. Subversión del sujeto y dialéctica del   deseo. México:* Ed. Siglo XXI.

125. Lacan, J. (1974) *Télévision*. París: Editions du Seuil.

126. Laercio, D. (1792). *Los diez libros de Diógenes Laercio sobre las vidas, opiniones y sentencias de los filósofos más ilustres*. Trad. Del griego por Josef Ortiz y Sanz. Madrid: Imprenta Real.

127. Laharie, M. (1993). *Comprendre et soigner la maladie mentale au Moyen Age (XIe-XIIIe siècles)*. París: Histoire des Sciences Médicales. Tome XXVII., No. 2.

128. Laín Entralgo P. (1978). *Historia de la medicina*. Barcelona: Salvat Editores, S.A.

129.Laín Entralgo P. (1958) *La Curación por la Palabra en la antigüedad Clásica.* Madrid: Revista de Occidente. Madrid..

130.Langås A-M., Malt, U.F., Opjordsmoen, S. (2011). *Comorbid mental disorders in substance users from a single catchment area - a clinical study.* BMC Psychiatry. Recuperado de http://www.biomedcentral.com/1471-244X/11/25

131.Lannucci, G. (2010) *Ai confini dell'anima. I Greci e la follia en. Rivista di Storia delle Religioni.* 4 (17) 201-205. Università di Bologna. .

132.Laplanche., J. Pontalis, J.B. (1967) *Diccionario de psicoanálisis.* Buenos Aires: Paidós.

133.Laurence, A. (2008). *Locura y destrucción en el teatro griego clásico Espéculo. Revista de estudios literarios* U. Complutense de Madrid. en: http://www.ucm.es/info/especulo/numero38/locuragr.html

134.Leader, D. (2008). *La moda negra.* México: Editorial Sexto Piso, S.A. de C.V.

135.Lefebvre, Pierre (1988). *Le traité des maladies mentales d'Esquirol: Cent cinquante ans après.* Communication présentée à la séanse du 16 avril de la Societé francaise d'Histoire de la Médicine. p. 169-174. http://www.biusante.parisdescartes.fr/sfhm/hsm/HSMx1988x022x002/HSMx1988x022x002x0169.pdf

136.Levy-Strauss, C. (1968) *Mito y Significado.* Madrid: Alianza Editorial.

137.Liddell, H. G.; Scott, R. (1882) *A Greek–English Lexicon.* (8th ed.). New York: American Book Company.

138.Litré, E. (1840). *Hippocrate. Oeuvres Complètes, vol. 2. Du régime dans les maladies aigues.* Paris: J-B. Baillière, Bibliothéque interuniversitaire de santé. Recuperado de http://www.biusante.parisdescartes.fr/histoire/medica/resultats/index.php?cote=34859x02&do=chapitre

139. Littré, E. (1846). *Hippocrate. Oeuvres Complètes vol. 5. Épidémies Septième Livre. (Affection 86, 87)*. Paris: J-B Baillière, Bibliothéque interuniversitaire de santé. Recuperado de http://www.biusante.parisdescartes.fr/histoire/medica/resultats/?cote=34859x05&do=chapitre

140. Littré, E. ((1849). Hippocrate. *Oeuvres complètes. Vol 6. De la nature de L'homme*. Paris: J-B Baillière, Bibliothéque interuniversitaire de santé. Recuperado de http://www.biusante.parisdescartes.fr/histoire/medica/resultats/?cote=34859x06&do=chapitre

141. Lôo, H. et Lôo P. (1991). *La Dépression*. Paris: Presses Universitaires de France.

142. López Férez, J. A. (1986). "Hipócrates y los escritos hipocráticos: origen de la medicina científica". *Epos: Revista de Filología*. (2) 157-175. Recuperado de http://e-spacio.uned.es/fez/view/bibliuned:Epos-19095DE6-3AE4-F7C5-8412-0513130D845D

143. López, S.J. ((2007). *Una aproximación a la demencia en la Roma y el Oriente Antiguo*. Revista Venezolana de Estudios Clásicos N°8. http://erevistas.saber.ula.ve/index.php/praesentia/article/view/3728/3583

144. Mahieu, E.L. ((1986 p 11-15) *Homenaje a Henri Ey*. 1900-1977. Revista de Neuropsiquiatría y Salud Mental. 1 (Año 1) 11-15.

145. Martínez, B.B. (1992). *Un rastreo bibliográfico sobre la figura y obra pedagógica de Juan Luis Vives*. 1492-1540. Revista Complutense de Educación. 3 (1 y 2) 119-143.

146. Montaigne Michel. (2003). *Apología de Raymundo Sabunde*. Recuperado de http://www.cervantesvirtual.com/obra-visor/ensayos-de-montaigne--0/html/

147. Navarrete, G.C. (2005). "Eros y Retórica: Desde la Locura Divina al conocimiento humano en el Fedro de Platón". *Espéculo. Revista de*

estudios literarios. U. Complutense de Madrid. Recuperado de   http://www.ucm.es/info/especulo/numero32/fedrop.html

148. Omrani, A., Holtzman, N.S., Akiskal H. S., Nassir, G. (2012). "Ibn Imran's 10th century Treatise on Melancholy". *Elsevier Journal of Affective Disorders*. (141) 116-119. Doi:10.1016/j.jad.2012.02.004

149. OMS. (2004) Prevención de los Trastornos Mentales. Recuperado de http://www.who.int/mental_health/evidence/Prevention_of_mental_disorders_spanish_version.

150. OMS. (2014) Health for the world's adolescents. Recuperado de http://www.who.int/mediacentre/news/releases/2014/focus-adolescent-health/en/

151. Orsi, R. (2007). *El saber del error: Filosofía y tragedia en Sófocles*. Madrid: Plaza y Valdés Editores.

152. Outes. D.L., Orlando, J.C. (2008) *Alcmeón de Crotona. El cerebro y las funciones psíquicas*. Rev. Argentina de Clínica Neuropsiquiátrica, Vol. 15, (1) 34-39. Recuperado de http://www.alcmeon.com.ar/15/57/06_outes.pdf

153. Pájaro, CJ. (2008). *Eros, Psyqué y Manía.Los recursos de la inspiración filosófica según Platón*. Eidos (2008) 134-164.

154. Palavecino C. *Culpa y castigo en la antigua Grecia*. (2010). Derecho y Humanidades. (1) (16)   373-379.

155. Paracelso. (1945). *Opera Omnia*. Buenos Aires: Editorial Schapire.

156. Paz, O. (1971). *Traducción Literatura y literalidad*. Barcelona: Tusquets.

157. Pélicer, Y. (1971). *Histoire de la Psychiatrie*. (5me. ed.) París: Presses Universitaires de France.

158. Pendergrast, M. ((2003). *Historia de los espejos*. Barcelona: Javier Vergara Editor.

159. Peretó, R.R. (2011) *Acedia y Depresión. Aportes para una reconstrucción histórica*. Consejo Nacional de Investigaciones Científicas y Técnicas. 3 (1) 1-20.

160. Peretó, R.R. ((2010. p. 36). *El Itinerario Medieval de la Acedia*. Intus-Legere Historia. 4 (1) 33-48..

161. Pérez, C. *"A punto de muerte": presencia de la melancholia en: "Morir cuerdo y vivir loco". del ca*pítulo LXXIV del Quijote. Conferencia en IV Congreso Nacional de Literatura. 19 al 21 de mayo. Paysandú. 2005. http://letras-uruguay.espaciolatino.com/perez_claudia/quijote.htm

162. Pérez, J.A; Martínez, D.A. (1990) *Hesiodo: Obras y Fragmentos*. Madrid: Editorial Gredos, S.A.

163. Petit Robert (1986). Dictionnaire de la langue Française. Paris: Les Dictionnaires LE ROBERT.

164. Pettinati, H. M. O'Brien Ch.Dundon W. (2013). *Current Status of Co-Occurring Mood and Substance Use Disorders: A New Therapeutic Target*. Am J Psychiatry. 170 (1) 23–30.

165. Pigeaud, J. (2007). *Aristóteles. El hombre de genio y la melancolía*. Madrid: El Acantilado.

166. Pigeaud, J. (1981). *La maladie de l'âme*. Paris: Belles Lettres.

167. Pigueaud, J. (1987). *Folie et cures de la folie chez les médecins de la Antiquité gréco-romaine, La manie*. Paris, Belles Lettres. 1 (16) 392.

168. Pigeaud, J. (1997). *Les Fondements Philosophiques de L'Éthique Médicale: Le Cas de Rome*. En: *Médicine et morale dans l'antiquité*. Genéve.

169. Pinel, P. (1804). *Tratado Médico-Filosófico de la Enagenación [sic] del Alma o Manía*. Edición facsimilar del original. Imprenta Real de Madrid

170. Platón. Diálogos. (1984). *Cratilo o del lenguaje*. México: Ed. Porrúa, S.A. México.

171. Platón. (1984). *Diálogos. Fedro o del Amor*. México: Ed. Porrúa, S.A.

172. Platón. (1984). *Diálogos. Fedón o del alma*. México: Ed. Porrúa, S. A.

173. Platón. (1984d). *Diálogos. La República o de lo Justo libro IV y VII*. México: *Ed. Porrúa S. A.*

174. Plauto. (1972). *El Anfitrión*. España: Ed. Bruguera.

175. Postel, J., Quétel, C. (1997). *Historia de la Psiquiatría*. México: Fondo de Cultura Económica.

176. Pulido, L., Fuertes, J.L., González, P. (2013). *La filosofía de las pasiones y La Escuela de Salamanca: Edad media y moderna*. Cáceres: Diócesis de Coria-Cáceres.

177. Quétel, C. (2012). *Histoire de la folie. De l'Antiquité à nous jours*. Paris: Éditions Tallandier.

178. Rifflet-Lemaire, A. (1981). *Lacan*. México: Ed.Hermes/Sudamericana.

179. Rhode, E. (1948). *Psique: La idea del alma y la inmortalidad entre los griegos*. México: Fondo de Cultura Económica.

180. Romero, R.R. (2013). *Rufus de Éfeso. Médico y Anatomista Greco-romano.Int. J. Morphol: 31 (4) 1328-1330*.

181. Rotterdam, E. (1983). *Elogio de la locura*. México: Ediciones Ateneo,   S.A.

182. Rufo de Éfeso. (1879). *Oeuvres. Paris: A L'imprimerie Nationale.* Traducido por Ch. Daremberg. Paris: J.B. Bailliére et fils. *Recuperado de* http://gallica.bnf.fr/ark:/12148/bpt6k28924s/f4.item.zoom

183. Sadock, Benjamin J.; Sadock, Virginia A. (2002a). *Synopsis of Psychiatry:* Behavioral Sciences/Clinical Psychiatry (10th ed.) New York: Lippincott Williams & Wilkins.

184. San Agustín. (1984). *Confesiones.* México: Ediciones Paulinas S.A.

185. Santa Hildegarda de Bingen. (2013). *Libro de las causas y remedios de las enfermedades.* Madrid: Hildegardiana.

186. Santo Tomas de Aquino. (2001). *Suma de Teología.* (4ª ed.) Madrid: Biblioteca de autores cristianos.

187. Sauret M-J. ((2002). *La Psychologie Clinique: Histoire et Discours* de l'interêt *de la Psychanalyse.* Toulousse: Presses Universitaires du Mirail.

188. Sedeño de Mesa, A.M. (1789.) *Aforismos de Hypócrates Sección Sexta. Aforismo 23. Texto traducido del latín al griego y de este al castellano (sic).* Madrid: Imprenta de González.

189. Shakespeare. (1970). *Julio César.* México: Porrúa Editores, S.A.

190. Siebeck, Mohr (2008).

191. Rufus Of Ephesus *On Melancholy.* Tubingen, Germany: Guide-Druck.

192. Simon, B. (1978). *Razón y locura en la antigua Grecia.* España: Akal Editor.

193. Sissa, G. (1998). *El placer y el mal. Filosofía de la droga.* Buenos Aires: Ediciones Manantial SRL.

194. Smith, W. A (1983) (Ed.) *Dictionary of Greek and Roman biography and mythology.* London. John Murray: Spottiswoode. Recuperado de http://www.perseus.tufts.edu/hopper/text?doc=Perseus:text:1999.04.0104

195. Sófocles. (1985). *Las siete tragedias: Áyax*. México: Ed. Porrúa, S.A.

196. Somolinos D'Ardois, G. (1976). *Historia de la psiquiatría en México*. México: Secretaría de Educación Pública.

197. Starobinski, J ((1989). *La mélancolie au miroir. Trois lectures de Baudelaire*. Paris: Julliard.

198. Steinberg H.; Herrmann-Lingen, Ch. & Himmerich H. (2013). *Johann Christian August Heinroth: Psychosomatic Medicine Eigthty Years Before Freud*. Psychiatria Danubina. Vol. 25, (1) 11-16.

199. Steiner, G. (1980). *Después de Babel. Aspectos del lenguaje y la traducción*. México: Fondo de Cultura Económica.

200. Vallejo-Najera, J.A. (1974). *Introducción a la psiquiatría*. Madrid: Ed. Científico Médica

201. Van Der Eijk, Ph. J. (1999). *Ancient Histories of Medicine: Essays in Medical Doxography And Historiography in Classical Antiquity*. The Netherlands: Brill NV, Leiden

202. Vanner, Marie-Anne. (2005). *L'image du Christ Médicin chez les pères*. Dans *Les pères de l'église face à la science médicale de leur temps*. Paris: Beauchesne Éditeur.

203. Wright, J.P. Potter, P. (2000). *Psyche and Soma*. New York: Oxford University Press.

204. Zhmud, L. (2006). *The Origin of the History of Science in Classical Antiquity*. Berlin: Walter de Gruyter GmbH & Co.

205. Zlas, J., Stark, H., Seligman, J., Levy, R., Werker, E., Breuer, A. & Mechoulamet, R. (1993). Early medical use of cannabis. Nature 363, 215. Doi:10.1038/363215a0.

Melancolía y Manía.
Una Mirada Retrospectiva.
de Lino Díaz Barriga Salgado se terminó de imprimir
en abril del 2016 en la ciudad de México,
la edición estuvo a cargo de Casa Editorial Abismos.
Se imprimieron 500 ejemplares.